唐宋八大家故事集

乱世文豪

柳宗元

▶ 主编：东方慧子

▶ 参编：徐　敏　乔柏梁　司俊平

杨雪姣　唐卓琦　侯懿净

浓缩八大家风雨人生

风雅与深情　旷达与忧伤

天下雄文　品鉴不朽华篇

青少年心灵成长阅读精品

WUHAN UNIVERSITY PRESS
武汉大学出版社

图书在版编目(CIP)数据

乱世文豪柳宗元/东方慧子主编 . —武汉:武汉大学出版社,2015. 7(2021.10 重印)
唐宋八大家故事集
ISBN 978-7-307-16290-7

Ⅰ.乱… Ⅱ.东… Ⅲ.柳宗元(773~819)—生平事迹 Ⅳ.K825.6

中国版本图书馆 CIP 数据核字(2015)第 148289 号

责任编辑:聂勇军   责任校对:汪欣怡   版式设计:马　佳

出版发行:**武汉大学出版社**   (430072　武昌　珞珈山)
(电子邮箱:cbs22@whu.edu.cn　网址:www.wdp.com.cn)
印刷:湖北恒泰印务有限公司
开本:720×1000　1/16　印张:7.75　字数:84 千字
版次:2015 年 7 月第 1 版　　2021 年 10 月第 8 次印刷
ISBN 978-7-307-16290-7　　定价:20.00 元

柳宗元（773—819）

柳宗元，字子厚，河东人，唐代文学家、哲学家、散文家和思想家。世称"柳河东"、"河东先生"，因官终柳州刺史，又称"柳柳州"。

柳宗元与韩愈并称为"韩柳"，与刘禹锡并称"刘柳"，与王维、孟浩然、韦应物并称"王孟韦柳"。

除文学成就之外，柳宗元又是一位著名的思想家，他把古代朴素唯物主义无神论思想发展到了一个新的高度，是中唐时期杰出的思想家。

柳宗元一生留诗文作品达六百余篇，其文的成就大于诗。骈文有近百篇，散文论说性强，笔锋犀利，讽刺辛辣。游记写景状物，多有寄托。寓言篇幅虽短，但被千古传诵。

作品被后人辑为三十卷，名为《柳河东集》。

前　言

　　唐宋八大家是唐宋时期八大散文作家的合称，指的是唐代的韩愈、柳宗元和宋代的欧阳修、苏洵、苏轼、苏辙、王安石、曾巩八位文学巨擘。在明初，朱右最初把这八个作家的文章编选在了一本书中刊行，名为《八先生文集》，后来，唐顺之在《文编》一书中也选用了这八个人的文章。之后明朝古文家茅坤对前人的文章进行了整理和编选，最后取名为《唐宋八大家文钞》，共160卷，"唐宋八大家"从此得名。唐宋八大家闻名于世，他们的一生充满了传奇色彩。

　　韩愈和柳宗元有着特殊的地位，他们是古文运动的倡导者，在中国文学史上有着非常巨大的贡献。欧阳修是一个文学奇才，他的创作非常丰富，是宋朝第一个在散文、诗、词各方面都有很高成就的作家。苏洵抱济世之学，他在政绩上没有什么辉煌的成就，为文却耀眼夺目，其文不屑蹈袭前人的旧踪，能够据前人皆知的史实，挖掘出新颖独到的见解。

　　苏东坡是中国文学艺术史上罕见的全才，也是中国数千年历史上被公认为文学艺术造诣最杰出的大家之一，但仕途失意，屡遭贬谪，一生坎坷。

苏辙与其父、兄合称"三苏",他创作出了数量可观的政论和史论。虽然他的才气不如其兄苏轼,但他的文章于冲和淡泊中蕴蓄着沉雄雅健之势,也有着很高的艺术造诣。

王安石一生脚踏实地,做过很多小官,如知县、通判、太守等,后来当了宰相。他是一个有勇气、有担当的男人,敢于打破陈规陋习。王安石变法对后世的影响非常深远,但是,也有人评价其变法是一场社会灾难。是非功过,千载之后犹难论定。

曾巩"家世为儒",幼时读诗书,脱口能吟诵。当官后,为政廉洁奉公,勤于政事,关心民生疾苦。综观曾巩一生,历任州郡官吏十几年,在京师做官的时间不多,整理古籍、编校史书,也很有成就。

他们的人生多难,政途不如意,但在文学方面却有着不可多得的才华。他们的文章不仅仅在唐宋时期非常有名,即便在今天看来,也有非常深且高的造诣,对当今社会的文学发展有着深远的影响。比如:韩愈的文章构思精巧,气盛言宜;柳宗元的文章思理深邃,牢笼百态;欧阳修的文章唱叹多情,从容不迫;苏洵的文章纵横雄奇,一波三折;曾巩的文章醇朴平实,深切往复;王安石的文章锋利劲峭,绝少枝叶;苏轼的文章行云流水,随物赋形;苏辙的文章委曲明畅,尤长策论。他们的文学成就反映了唐宋时期的文化,也为今天的青少年学习中国古代传统文化提供了宝贵的借鉴。

在编写本书的过程中,我们期望能使多数读者朋友不至于同阅读史料一样,感到枯燥乏味,而是从围绕史实故事、趣闻以及议论中轻松地了解到"唐宋八大家"的生平阅历、艺术成就。

本套书选取八位大家一生中的典型事件，向读者介绍他们的生平事迹、人际交往、人品性情、处世之道、道德文章，以及生活中的趣闻轶事。读者朋友特别是青少年朋友在阅读中既可获得文史知识，又能受到人生启迪。

　　本套书在编写过程中虽然倾尽全力，但由于编者水平所限，难免会出现疏漏或错讹之处，恳请读者批评指正。本套书在编写过程中也参考了前人撰写的相关资料，对他们的辛苦付出表示衷心的感谢！

编　者

2015 年 6 月

目　录

目　　录

第一章　籍贯之谜

　　华夏子孙向来聚族而居，安土重迁，有尊重祖先、重视家族血脉的传承。因此，对于中国人来说，祖居地是非常重要的生命元素。祖先所居住的地方，对于后人来说，就是他的籍贯。一般来说，籍贯就是曾祖父及以上父系祖先的长久生活过的地方，或者是曾祖父及以上父系祖先的出生地。

　　在古代，由于经济或政治原因，华夏大地几乎每隔几年就会爆发一次战乱，而一旦遭受战乱，处于中原外围的游牧民族就会经常入侵中原地区，骚扰边民。正因如此，所以中原的百姓经常居无定所，不断地进行着举家或是举族的大规模迁徙。这些迁徙的人有的是为了躲避战乱，以求一方净土；有的是迫于生计，不得不背井离乡，外出讨生活。但无论是什么原因，这种迁徙现象所导致的结果就是大部分人对自己祖先居住的地方感情逐渐淡漠，勉强以父亲或母亲的出生地作为自己的籍贯。所以，人们在大规模的迁徙之后，最多经过三到四代，基本上就已经忘记了自己的祖籍。

　　在北朝时，柳氏是著名的门阀士族，柳、薛、裴被并称为"河东三著姓"。柳宗元曾自豪地说："柳族之分，在北为高。

充于史氏，世相重侯。"柳宗元的八世祖到六世祖，皆为朝廷大吏，五世祖曾任四州刺史。入唐后，柳家与李氏皇族关系密切，仅高宗一朝，柳家同时官居尚书省的就达二十三人之多。而到了永徽年间，柳家则屡受武则天的打击迫害。

到柳宗元出生时，其家族已衰落，柳宗元曾祖、祖父也只做到县令一类小官。其父柳镇，在玄宗天宝末曾做过太常博士，安史之乱后又继续为官，官位一直很低。

柳宗元的母亲卢氏出生于著名的士族范阳卢氏之家，但家道早已没落。她生有二女一子，柳宗元最幼。两个女儿分别配山东崔氏、河东裴氏，都是没落的旧士族。柳宗元非常感慨地说，柳氏到他这一代，已经"五六代以来，无为朝士者"。

安史之乱使柳家又受到一次巨大冲击。战乱中，柳镇送母亲入王屋山避难，自己携带一家人汇入逃亡人流，逃到吴地。在南方，一度生计艰难，有时竟薪米无着。柳宗元的母亲为了供养子女，常常自己挨饿。柳宗元的家庭出身，使他始终保持着对祖先"德风"与"功业"的向往，他常常以自豪的语气，叙说祖上的地位与荣耀，表现出强烈的重振"吾宗"的愿望和对功名的追求。

如果追溯先祖，柳宗元有一位贤祖叫柳下惠。有一年冬天，柳下惠出门办事，到了晚上，因为天冷路远，无法赶回去，就住在了都城的门外。

当时天气特别寒冷，柳下惠正要睡觉的时候，有一位貌美如花的妙龄女子也来投宿，柳下惠看她衣衫单薄，弱不禁风，恐怕她在风雪中被冻死，就起了怜香惜玉之心，让她过来，坐到了他的怀中，用自己的衣服盖住了她，为她取暖……按常理说，孤男寡女、瓜田李下，势必要发生一点什么，但是，这个柳下惠却是一个正人君子，两个人就这样一直坐到了第二天天亮，也没有发生什么出格的事。

后来，诸侯相争，称霸天下，鲁国被楚国所灭，柳下惠无奈之下，只得又去楚国当官。只可惜楚国也比较命短，没过多长时间，就碰上了强大的秦国，楚国也被灭国。

楚国被灭之后，秦始皇一统天下，实行了大移民，把山东六国士族都召到了秦国的老地盘，也就是关中，现在想来，秦始皇这么做，也许是想借此机会，控制这些六国的文人名士，同时也让自己的臣子万民多沾一点儿古都的文化气息。

就这样，在这次移民大潮中，柳下惠的后代——柳安带着族人从原居住地迁到了晋国的解梁，从此之后，解梁就成为了河东柳氏的郡望之地："厥后谱系，代有闻人，而惟唐为尤盛，名贤继出，卒流声于史，炳如也。"（《柳氏宗支图碑记》）。解梁本是晋国四卿之首智伯的封地，其范围包括临晋和永济市的虞乡一带。

中国古代知识分子都有着很深刻的恋祖情节，经常用籍贯作为自己的名号，比如韩愈称为"韩昌黎"，柳宗元称为柳河东，他的著作也被称为《河东先生集》或《柳河东集》，从这个别称中，我们就可以很直观地看出，他是"河东人"。

河东地区是中华民族的发源地，是华夏文明的摇篮。上古时代女娲氏炼石补天、神农氏尝百草、愚公移山、精卫填海、舜耕历山等都发生于此。

远古故事也许有些枯燥乏味，但大家一定都听说过"河东狮吼"这句成语，这句成语讲的是苏轼的好朋友、陈慥的夫人柳氏。

苏轼和陈慥两个人关系很好，经常在一起游山玩水，写诗作赋，研究佛理。有一天，他们一边喝酒，一边谈天说地，但是讲来讲去，越讲越泄气。

陈慥就说："这么说来说去，实在扫兴，不如请两个歌伎舞女，提提兴致。"苏轼闻言，欣然同意。在古代，文人雅士如此举动本属常事，只是，陈慥的夫人柳氏是个超级的醋坛子，她一听到外面有歌舞之声，顿时怒火中烧，前来搅局。如此一闹，苏轼和陈慥也只好作罢。

这里所说的"河东狮子"，指的就是柳氏。因为柳氏老家是河东人，所以就有了"河东狮吼"的说法。我们实在无法断定，这个宋代的"河东狮子"的柳氏，是不是柳宗元的后人？

关于柳宗元籍贯的问题，历史真相如何早已无从考证，只能透过重重的迷雾，根据历史遗留下来的蛛丝马迹，顺藤摸瓜，大致解析一下柳宗元的籍贯之谜。

长期以来，关于"柳宗元到底是哪里人"这个问题，始终众说纷纭，莫衷一是，成为历史上扑朔迷离的疑点，一直难解真相。在柳宗元生活的唐朝时期，河东府一共管辖河东、南解、虞乡等十一个县。依照唐朝以前，也就是北魏时期的区域规划，柳宗元的故居在"南解"，也就是秦朝时期的"解梁"。因此，有些人不明真相，自以为是地按照北魏时期以及秦朝时期区划建制的说法，把柳宗元误说为"解人"。

而由于唐朝时的"南解"主管如今的"解州镇"，于是又依此类推，将他说成是"今天的山西运城县解州镇人"，实际上，这种说法是非常不符合历史事实的。

其实，从文字中我们就能看到，"南解"是主管解州镇，但并不是只管解州镇，所以经过地方志专家的实地考证，可以得出结论，柳宗元是唐朝时期河东府（河东郡）虞乡人，也就是现在的山西永济市虞乡镇人。不过，尽管柳宗元的老家在山西，可他本人却出生在当时的首都——长安。

柳宗元从出生到长大，一直都没有回过山西老家，河东郡只能算是柳宗元的祖居地，而他自己的出生地则是长安。柳宗元生在长安、长在长安，也成名在长安，从他少年时代一直到青年时代，他生命中的大部分时光都是在长安或长安周边度过的。

大唐一朝共二百八十九年，在这将近三百年时间里，长安始终都是一个繁华的城市，作为大唐帝国的都城，它是古代中国也是世界历史上第一个人口达到百万的大城市。

在长安，除了皇族、达官显贵、居民、商贩、杂役、奴仆、兵士、僧尼、胡人（少数民族）以外，还有从外国来的商人、使者、留学生、来访僧人等，总数不下三万人。

唐朝的政治制度、科技文化、饮食习俗主要以长安为中心，可以辐射到日本、朝鲜、缅甸等国家和地区，进而传播到世界各地。总而言之，唐朝的长安不仅是东西方商业、文化交流的汇集地，更是当时世界上最繁盛的国际大都会。

对于柳宗元来说，他对长安的感情远远超过了他对老家山西的感情，柳宗元深深地热爱着长安这座城市，因为他是真正意义上的长安人，在他生命最后的十四年里，虽然被贬谪到西南边境为官，但是，无论是在他的内心深处还是在诗篇当中，长安，始终都是柳宗元梦寐以求之地。

在他被贬期间，因为一次短暂的召见，柳宗元曾经再次踏入长安。但从那之后，直到公元819年，他四十六岁客死在柳州，他再也没有机会活着回到令他无比眷恋、思念的故土。

柳宗元死后，被葬于长安，位于父母的坟墓之侧。柳宗元虽然生不能再回长安，但死后终于得偿所愿。落叶归根，也许是对客死异乡的游子的一种安慰吧。

第二章　名门之后

俗话说得好，父母是孩子的第一任老师，家庭背景和家庭教育对人的影响举足轻重。虽然富贵之家有可能会出现败家子，游手好闲，尽情挥霍，把偌大的家业挥霍得荡然无存，但在浩瀚的历史长河之中，这种败类毕竟还是少数，大部分有权有势的士族大家，都很重视对子女的教育。换句话说，就算长辈没有刻意地去教育，但孩子从小置身在一个充满了文化气氛的环境中，耳濡目染，潜移默化，自身的素质也差不到哪去。反过来，如果从小没有一个良好的环境，没有受到良好的教育，就算先天条件再优越，再聪明，再勤奋，没有好的氛围，得不到好的教育，那么，这个孩子将来也很难成大器，或者成功要付出更多的艰辛。柳宗元很幸运，他出身在一个充满了文化气氛的官宦世家。

实际上，柳宗元对长安的感情浓厚，除了自己在长安出生、长大的因素，另外就是遗传基因的作用。因为，从七世纪下半叶到八世纪上半叶，在长达一百多年的时间内，柳家一部分分支一直生活在全国的中心地带——长安，这一支里面就包括柳宗元的直系祖先，柳家人在长安一直都平平安安、快快乐乐地生活着。

在河东，柳家一族也开枝散叶，又成了一个大家族。柳姓与河东薛氏、河东裴氏并称"河东三著姓"。

在柳宗元出生之前，这个家族已经至少连续十五代人，都在社会生活和政治生活方面涌现出精英人物，例如：他的七世祖柳庆，年少聪慧，为人刚正不阿，曾经做过北魏的侍中，也就是名义上的宰相，封济阴公。柳庆十分聪明，在十三岁的时候，就能只读三遍，便可一字不漏地背诵下约千余字的赋。柳庆还非常直率。当时，他的父亲主管选聘乡官工作，某些豪富人家倚仗权势，竞相应聘，这使柳庆的父亲很为难，柳庆就给父亲提建议，认为有能者用，不肖者罢。

后来，柳庆当了官，当时北魏孝武帝迫于大丞相高欢所逼，想投靠执掌重兵的宇文泰时，曾经咨询过柳庆，柳庆思前想后，最终劝孝武帝迁都长安。

广陵王元钦的外甥孟某，经常逞凶作恶，最后落到柳庆手上。但是，尽管身在狱中，孟某依然有恃无恐，还威胁柳庆。柳庆不畏权贵，公正严明，孟某最终伏法。

有一次，西魏文帝想杀王茂。朝臣皆知王茂无罪，但都不敢反对，唯独柳庆为王茂求情。文帝大怒，柳庆依然毫不畏惧。

大统十六年（550年），柳庆任大行台右丞、抚军将军，西魏废帝初年，又为兵部尚书，北周孝闵帝时，柳庆被赐姓宇文氏。

柳庆的哥哥叫柳桧，曾经做过北周魏兴、华阳二郡守，后来，被安康人黄宝聚众谋反所杀。数年后，柳桧次子柳雄亮为父报仇，杀了黄宝。晋公宇文护大怒，囚捕柳庆及其侄子，并要柳庆承认其侄擅自杀人之罪。柳庆以父母大义为由，一直不肯屈服，宇文护终被感动，赦免了他们。

柳庆充任雍州别驾的时候，遇到过这样一件事。有个商人到京城做买卖，借人房屋居住。为了防止财物丢失，每次外出都拿着房间的钥匙。但尽管如此，没过多久，他的钱还是被偷了。商人以为是房主干的，就去衙门告状，官府对房主拷打审问，房主无奈之下，只得屈打成招。柳庆听说之后，觉得疑点重重，便找来了商人，问他："你的钥匙经常放在什么地方?"

商人说："经常自己带着。"

柳庆问："你带别人回去过吗?"

"没有。"

"和别人一起喝过酒吗?"

"前一阵曾与一个僧人痛饮过两次，醉得不省人事，大白天就睡着了。"

柳庆当机立断，派遣差吏，逮捕僧人，真相终于水落石出。

柳宗元的堂高伯祖柳奭也曾经做过中书令。柳奭的祖父柳旦是隋朝太常少卿。叔父柳亨曾加入瓦岗军，后归降唐朝，一路升官做到邛州刺史。

唐朝建立政权后，柳氏一门也始终沐浴皇恩，为皇室所器重。贞观十七年（643年），唐太宗立晋王李治为皇太子，因为柳奭是太子妃王氏的舅父，也被擢升为兵部侍郎。

李治继位后，立妻子王氏为皇后，并任命柳奭为中书侍郎。柳家在尚书省（相当于如今的国务院）掌管军国大事，同时柳氏一族在朝做官的人达二十多名，真可谓人才济济，显赫一时。但是，造化弄人，柳家的政治生涯因王皇后走上了人生的顶峰而辉煌，但结果也随着王皇后在宫廷斗争中的落败，而陷入悲惨的境地。

唐高宗李治原来的皇后——王皇后，为并州祁县（今山西祁县）人。高祖父王思政是西魏将领，官至尚书左仆射；父亲王仁祐是唐朝官员，贞观年间，担任罗山（今河南罗山）县令。王氏与唐朝皇室系旧亲，唐高祖李渊之妹大长公主（同安公主）是王氏的叔祖母，王氏的母亲魏国夫人柳氏的叔母是唐高祖的外孙女。

由于错综复杂的姻亲关系而使得王氏拥有显赫的出身和血统。王家既是西魏重臣的后裔，其父母两族又都是唐朝皇室的姻亲，属于关陇贵族军事集团，自然备受恩宠。

唐高宗登基初期，恩宠萧淑妃，而才人武则天当时在贞观末年以先帝宫人的身份出宫，住在感业寺，此时受诏纳为唐高宗的昭仪。武氏是一个有着精明政治头脑的女人，她利用李治对她的宠爱，不久就与王氏、萧淑妃等人平分秋色了。

在女人的后宫斗争当中，常用的手段无非是争宠或者互相诋毁、揭短，而武则天则是更加诡诈阴险，棋高一着。

她先是诬陷王氏与其母魏国夫人柳氏挟媚蛊惑唐高宗，唐高宗相信其言，解除柳氏门籍不许其进宫，罢免王氏的舅舅柳奭中书令之职。这一来，就等于斩断了王氏的后援力量，使王皇后陷入了孤军作战的不利局面。

永徽六年（655年），武则天以偏邪之言刺激唐高宗发怒，以致下诏废黜王氏、萧淑妃皆为庶人，囚禁于宫中。王氏同母兄、萧淑妃族人全都流放于岭南。

接着，武则天又唆使许敬宗上奏说："王仁祐并无他功，以宫掖私恩之故，超列于三公，如今庶人阴谋扰乱宗社，其罪应当灭族，王仁祐应当贬职，陛下不穷尽其诛灭，只流放其家属，王仁祐不应继续庇荫违逆子孙。"于是，唐高宗下诏尽夺王仁祐的官职爵号。王氏与萧淑妃不久即遭武则天杀害，并追改王氏的姓氏为"蟒"，萧淑妃为"枭"。

后宫争斗，祸连前朝，王皇后在与武则天的权力争斗中落得下风，柳奭也因此受到牵连，遭受灭顶之灾，先是被贬，后来竟被残忍诛杀。

柳奭一死，柳家这座权力的大厦顿时在一夜之间坍塌殆尽，更令人扼腕的是，胜利者武则天在大权在握之后，对高层进行了大清洗，接连打击旧豪门氏族和大姓人家，借以来巩固她的朝政。

柳氏一门遭此劫难，从权力的巅峰霎时消失，从皇亲国戚沦落为普通人。之后，经过数十年的休养生息，柳家才渐渐恢复元气，到了柳宗元的曾祖父柳从裕、祖父柳察躬这两代时，柳家虽然没从前那样显赫，却也有人做过县令一类的小官。

到了柳宗元的父亲柳镇这一代，也出过一些侍御史之类的官，但却大不如从前的"炙手可热势绝伦"的情景。

柳宗元的知己好友韩愈曾经说柳宗元刚正不阿，以赤子之心待人，做人做事不计利害，可以为理想一往无前、奋不顾身。

其实，柳宗元的这种品性正遗传自他的父亲柳镇。柳镇不仅是个顶天立地的伟丈夫，更是个聪明的家族领头人。虽然由于战乱，他把族人带到了河东，但在八世纪中期，安禄山叛乱结束之后，他又重新回到北方做官，也将家族彻底定居到了原本的故土——长安。

有一段时间，柳镇曾在晋州（今山西省境内）做官。但很可惜，他这个官儿当得不是很开心，因为他的上司是个莽撞粗暴、杀人成性的武夫，官府里的人，无论地位高低，有一个算一个，基本上都对他敬而远之，大气儿都不敢出一口，更别提得罪他了。

但是，这个柳镇却偏偏要坚持正义，捋一捋这只残暴老虎的虎须。有一次，柳镇看到有人无辜受刑，甚至快要被鞭笞致死时，不顾一切，据理力争，甚至冲上前去，以血肉之躯为无辜者抵挡棍棒。为了主持公道，即使上司暴怒怪罪，他也毫无畏惧退缩之色，由此可见此人的正直和胆量。

纵观整个家族史，柳宗元家族可谓是高门望族，官宦世家。而河东柳氏一族的历史清楚地告诉我们，柳家并不只是一般的富贵之家，而是唐朝贵族的主要组成部分之一，虽然几经宦海沉浮，但贵族毕竟是贵族，地位可以被改变，但祖先血脉中流淌的优秀基因却永远都不会消失。而且，褪去了权位名利的荣耀光环之后，这种优秀的基因反而以另一种形式潜滋暗长，演变成良好的家风，代代传承。对于柳宗元个人来说，这些优秀的基因、家族里浓厚的官宦氛围和良好的家教，都为他以后科举入仕，登上政坛提供了最大的便利。

第三章　家学渊源

　　官宦家族，诗礼传家，柳宗元的家庭是一个具有浓厚文化气氛的家庭。他的父亲柳镇不仅赤胆热血，而且品格高尚、学识渊博，不仅文章写得非常好，更深明经术，"得《诗》之群，《书》之政，《易》之直、方、大，《春秋》之惩劝，以植于内而文于外，垂声当时"。除了文章之外，他的诗也写得特别好，他曾经与当时有名的诗人李益唱和，李益对他很是推崇。

　　尽管柳镇信奉传统的儒学，也是一个标准的儒生，但却并不是一个迂腐刻板、不达世务的书呆子。他长期任职于府、县等基层，对现实社会情况有充分的了解。也正是因为这种了解，致使他养成了实事求是的态度和刚正不阿的品德。

　　虽然柳镇的风骨和品格对柳宗元有着不可磨灭的影响，但在柳宗元幼年时期，由于父亲长期在外为官，政务繁忙，他接触更多的是母亲卢氏。

　　卢氏祖上渊源可追溯至春秋战国时代。

　　公元前385年，田和代齐，卢、高二氏被逐赶，离开山东省长清县之卢邑以后，散居于燕、秦两国之间，主要一支聚居于范阳。

范阳卢氏在秦时，有大名鼎鼎的五经博士卢敖，天文博士卢生，继之西汉初期有燕王卢绾，东汉末被尊称"士之楷模，国之桢干"的海内儒宗大儒卢植（卢植故居在河北涿州市卢家场），他们均出自范阳卢氏一族。

卢植（121—192），著名政治家、军事家、经学家、教育家、文学家，卢氏的中兴始祖，历史上配享孔庙的二十八位大儒之一。据《后汉书·卢植传》记载："风霜以别草木之性，危乱而见贞良之节，则卢公之心可知矣。"《旧唐书·卢》称："先自元魏以来，冠冕颇盛。"

卢家世代积累建树的学问业绩、品德风范，成为子孙后代长盛不衰的声望基础和精神动力。范阳卢氏世代簪缨、名人辈出，曾有二十二人位居宰相，其中"八相佐唐"更成历史佳话。另外，卢氏封王者有卢绾、卢文进、卢光稠，贵为封疆大吏者更是逾百，自汉末卢植起至唐代中期，入正史者共八百四十人，有官职记载者多达四百六十余人。

有着如此光鲜家世的卢氏，自然是一个聪明贤淑、温柔善良、知书达理、文采斐然的女子，虽然生于闺阁之内，但她却很有见识。柳宗元贬官之后，卢氏以垂暮之年，跟随儿子到南荒，没有丝毫怨言，由此可见卢氏是一个有担当、有勇气的女性。

另外，卢家在佛、道、儒方面骄人的成就，也对卢氏的信仰——佛教产生了一定的影响。卢氏一生信佛，这种信仰和柳镇的儒学思想融合到一起，也为柳宗元"统合儒佛"思想的形成奠定了基础。

卢氏是一位典型的贤妻良母，在她身上，很多中国古代妇女的美德都得以体现。柳宗元四岁那年，父亲柳镇去了南方，卢氏孤身一人，带着孩子们暂住长安西郊。当时家中条件有限，并没有大批古籍藏书，卢氏仅凭记忆，教年幼的柳宗元背诵古赋十四首等精华诗篇，正是由于母亲的这种启蒙教育，柳宗元才对学习产生了浓厚的兴趣。

公元785年，柳镇又到江西做官。柳宗元随父亲宦游，参与社交，结友纳朋，直接接触到社会，增长了见识，受到了人们的重视。

公元789年，柳镇担任殿中侍御史，这本来是个监察部门的小官，按理说不会有什么大事，只可惜这个柳镇过于刚正不阿，在审理案件时，只顾天理，不顾官场规则，如此一来，就得罪了权倾一时的宰相窦参。

窦参这人，一开始还算是个好人，做过很多好事。他也出身于官宦世家，性格刚强，曾经做过奉先县的县尉。当时，有一个权贵之子酒醉之后，借机欺负胞妹，其父无法阻止，气愤而死。窦参得知后，依法将这个恶棍打杀，大家齐声称快。

婺州刺史邓珽贪污银八百两，当时宰相极力祖护，准备从轻处理，不让抄没其财产。多数人为讨好宰相，也同意从轻处理，只有窦参依据律令争辩，认为应当依法处置，终于使朝廷依法抄没了邓珽的财产。后来，他又为被权贵诬陷下狱的湖南观察使判官马彝平反，并助其升任御史中丞。窦参多次揭发官吏的不法行为，不畏权势，几次被德宗皇帝召见，颇受器重。

在为官早期，窦参虽受排挤，依然刚直不阿，神策军将军孟华作战有功，却被人诬陷谋反；龙武将军李建玉作战中被吐蕃俘房，部下有人告其通敌。这两人皆被定为死罪，是窦参坚持查明事实真相，平反了两桩冤案，受到朝野称赞。因此，窦参再次升任中书侍郎、同中书门下平章事。

但是，在得到皇帝宠信，掌握了大权之后，他就开始以权谋私，不再秉公执法。皇帝每次召集宰相议事，事毕，当别人散去之后，他总要逗留在皇帝身边，向皇帝进言，意欲独专朝事。除此之外，他还在朝中和各地私植了许多党羽，经常庇护担任给事中、多行不法之事的侄子。当时新任职的官吏大多也要到他那里拜访行贿，探听朝事。

柳镇得罪窦参之后，窦参当时没说什么，事后却开始打击报复，陷害柳镇。于是，柳镇被贬到夔州（今重庆市奉节县）。

当时，十七岁的柳宗元为父亲送行，走了近百里之后依旧依依不舍，而刚强的父亲只对儿子说了一句"吾目无涕"，就踏上了远去的道路。

穷其一生，柳宗元大部分时间都在长安度过，父亲的官场经历，朝廷的各种问题，社会的危机与动荡，他都有所见闻，也有深切感受。冥冥中似乎已经注定，他会破旧立新，改革积弊。

第四章　少年得志

　　一个人眼界的高低，在一定程度上决定了他所能取得的成就的大小。稍微长大一点后，柳宗元就开始跟着在外地做官的父亲四处游历，在游历中，他不仅增长了见识，同时也锻炼了文采。

　　十二岁时，他跟着父亲在夏口（今湖北省武汉市武昌区）李兼的幕府中生活了一段时期。李兼府中人才济济，其中就有当时著名的文人权德舆。

　　权德舆，字载之，唐代文学家，天水略阳县第七沟（今秦安县王尹乡包全村）人，出身于祖德清明、家风雅正的仕宦家庭。

　　权德舆小时很聪明，三岁知变四声，四岁就能写诗。到了十五岁时，已经写了数百篇脍炙人口的文章。

　　除了做官，权德舆还好学不倦，文采非常不错。他为文"尚气尚理"（《醉说》），主张"体物导志"（《唐故漳州刺史张君集序》），"有补于时"（《崔寅亮集序》），不满于"词或侈靡，理或底伏"（《崔文翰文集序》）之衰薄文风。其文弘博雅正，温润周详，公卿侯王、硕儒名士之碑铭、集纪，多出其手，时人奉为宗匠。

除喜欢写文章外，他还喜欢读书，常常手不释卷，著有文集五十卷，称《权文公集》，流传后世。因此，在贞元、元和年间，权德舆一直执掌文柄，名重一时。刘禹锡、柳宗元等人皆投其门下。

除了权德舆之外，柳宗元还认识了杨凭。杨凭，字虚受，一字嗣仁，虢州弘农人，他擅长写诗作文，与弟弟杨凝、杨凌齐名，都是当时的文化名人。大历年间，三人一起登第，时称"三杨"。当时的杨凭脾气傲慢，很多人都不喜欢他。他只做过湖南、江西观察使一类的小官，后来，做京兆尹的时候，又被御史中丞吕夷简弹劾，贬为临贺尉，最终做到太子詹事。但是，杨凭却很喜欢柳宗元，还将自己的女儿许配给他。就这样，柳宗元在父辈的圈子里，慢慢受到瞩目，被看成是"童子有奇名"的少年天才。

第五章　进士及第

贞元八年（792年），柳宗元被选为乡贡，得以参加进士科考试。

"进士"一词，初见于《礼记·王制》篇，本来是进受爵禄的意思。但是，一直到了隋炀帝大业三年（607年），科举制经过完善之后，才开设了进士科，用考试的办法来选取进士。

当时的进士科主要考时务策，也就是关于当时国家政治生活方面的政治论文，叫试策。这种分科取士，以试策取士的办法，在当时虽是草创时期，并不形成制度，但把读书、应考和做官三者紧密结合起来，揭开了中国科举史上新的一页。

唐玄宗时，礼部尚书沈既济曾经对这个历史性的变化有过一个中肯的评价："前代选用，皆州郡察举……至于齐隋，不胜其弊……是以置州府之权而归于吏部。自隋罢外选，招天下之人，聚于京师春还秋住，乌聚云合。"

贞元九年（793年），二十岁的柳宗元进士及第，名声大振。

唐代科举与宋以后各代均不同，进士及第后并不能立即入仕，而是仅获得一定的出身品第，即任职资格，具体当不当官、当什么官，还需要经过吏部的铨选考试，方可决定。

所以，按一般情况，唐代进士及第后，少则一年多则几年，个别甚至十几年才能通过铨试，真正获得任命，走马上任。于是，虽然及第之后，各位进士免不了雁塔题名、曲江宴会、杏园探花，以至风流于平康里，确实"一登龙门，则身价十倍"，但由于尚未入仕，所以也有人在及第后，发出"犹着褐衣何足羡"的慨叹。

实际上，不少人确实在"春风得意马蹄疾，一日看尽长安花"的喜悦欢快之后，便面临着漫长而寂寞的守候日子。在守候期间，这些人或是奔走于权贵间，以谋求官职，或是长期沉浮于人间，聊以度日，有家境困难的，甚至衣不蔽体，食不果腹。

但是，柳宗元却并未遇到这种情况。因为他刚刚及第父亲柳镇就去世了，按照惯例，柳宗元必须在家守丧。所以，直到796年，为父亲守丧完毕，柳宗元才得以关心自己的仕途。

一开始，他先是被安排到了秘书省，任校书郎。但是，在贞元十四年（798年）的时候，二十五岁的柳宗元又参加了博学宏词科考试。这个博学宏词科，是唐代科目选里面的一个重要科目，也是唐代为了解决科举高中后等待入仕时所产生的问题，而采取的相应措施之一。

唐代科目选是由吏部主管，兼有科举和铨选考试性质的选举取士形式，它将科举考试与铨选考试折中糅合，具有不拘选限，不埋没人才的用意。

除了博学宏词科，还有书判拔萃、三礼、三史、三传、五经、九经、开元礼、明习律令等学科。在科目选中，凡考试优等者，皆可立即入仕。

在这些科目中，尤以博学宏词科最为重要，一旦登科，地位崇高，因而，唐代后期的许多进士及第者都参加过此科考试。

关于博学宏词科的源头，据徐松《登科记考》记载，唐玄宗开元五年（717年）已有李蒙一人中博学宏词科，但当时的博学宏词科犹为制科中的一种，而非后来每年举行的吏部科目选中的博学宏词科。

唐代后期，博学宏词科常被称作"吏部科"、"博学选"，但有时也称为"宏词制策科"。柳宗元在其文集卷（三十六）《上大理崔大卿应制举不敏启》中说自己"应博学宏词之举"，而题中却云"应制举"，并且，博学宏词登科第一名也与制科榜首一样称为"敕头"。因此，博学宏词这个吏部科目颇为特殊，兼有一定的制科性质。

关于考试内容，博学宏词科是"试文三篇"，诗、赋、议论各一，因此，该科有时也被称为"三篇"。

大文学家韩愈在经过四次拼搏，考中进士之后，也曾经去过吏部"应博学宏词选"，他本来认为，博学宏词科所试文章"亦礼部之类"，跟进士科考试内容没有多大差别。但是，现实却大大打击了他，他应考两次，接连失败，非常郁闷，转而认为博学宏词科考试"乃类于俳优者之辞"。

实际上，真不能怪韩愈郁闷，博学宏词科的要求向来很高。顾名思义，"博学宏词"既要"博学"，又要有"宏词"，即一要有渊博精深的学识，二要有优美恢宏的文词。关于博学方面，李商隐《与陶进士书》说："夫所谓博学宏词者，岂容易哉？天地之灾变尽解矣，人事之兴废尽究矣，皇王之道尽识矣，圣贤之文尽知矣，而又下及虫豸、草木、鬼神、精魅，一物已上，莫不开会。此其可以当博学宏词者邪？恐犹未也。设他日或朝廷或持权衡大臣宰相问一事、诘一物，小若毛甲，而时脱有尽不能知者，则号博学宏词者，当其罪矣。"

据此看来，似乎有关社会、自然的百科知识都应精通才能称得上博学。李商隐本是才高八斗，但在应考后等待发榜的时候，也处于"私自恐惧，忧若囚械"的焦虑状态。由此可以看出，就算排除了李商隐的个人因素，博学宏词科也是有着相当难度的。

除了博学，再就是宏词了。在文词方面，博学宏词科的水准也不低。《文苑英华》和《全唐文》中，保存下来的唐代博学宏词赋、论试卷，大多辞藻华丽。而且，其对偶押韵也必须合格，一般情况下，绝对不允许用字重复。

另外，在应试人员的组成问题上，由于博学宏词科注重华美的文词，明经科长于经术，绌于文学，因而，唐代明经出身应宏词科者甚少。以新、旧《唐书》有本传和附传的科举出身的官员为统计对象，终唐一世，在一百零二名明经中，仅有玄宗朝李季卿一人，而且旧传说他"应制举，登博学宏词科"，这还不是后来科目选的博学宏词科。

明经人少，进士却多，但是，就算大家都是进士，竞争也十分激烈。尤其是唐朝后期，此科每年仅录取数名，多者也不过十数名，仅相当于后世科举殿试一甲之数，可前来应举者却通常有三十多人，《韩昌黎文集校注》外集上卷《上考功崔虞部书》载，贞元九年（793年），"凡进士之应此选者，三十有二人"。按《登科记考》卷十三，贞元九年（793年）正好录取进士三十二人。

虽然每年应博学宏词科考试的人，往往是一年以前便进士及第的往届生，但也不排除有当年及第应届生，如宝历元年（825年），柳璟"擢第首冠诸生，当年宏词登科"。以《登科记考》所录人物为统计资料，现在有姓名可考的唐代博学宏词登科者仅四十五人左右，因此，博学宏词科是在已淘汰过大量人选的科举录取者中的择优考试，难度之大可想而知。另外，除了进士及第的士子，唐代规定，已仕的在职官员也可参加博学宏词科考试，"词美者得不拘限而授职"。

正是因为博学宏词科地位崇高，竞争激烈，难度颇大，所以在后唐时它被人们公认为"重科"。登科者，入仕快，往往受到人们的企羡，崇敬程度远高于进士及第。何扶于太和九年（835年）及第后，次年博学宏词登科，喜不自胜之下赋诗一首：

> 金榜题名墨尚新，今年依旧去年春。
> 花间每被红妆问，何事重来只一人？

从诗中可以看出，其得意欣悦之情溢于言表。唐代有不少著名人士应博学宏词科试均一再受挫，韩愈、欧阳詹等文学家也都是失望而归，但是，客观来说，唐代后期的博学宏词科也确实选拔了不少人才，有许多人还当上了卿相重臣，其中尤为知名的宰相如陆贽、裴度，文学家如刘禹锡、柳宗元等人。因此，博学宏词科虽有着过于严格的局限，但还是对选拔和任用人才起过一定的积极作用。

柳宗元居然能在如此高难度、高淘汰率的考试中中榜，足见其才情不凡。所以，中榜之后，他就被授予集贤殿书院正字

（官阶从九品上）。集贤殿是官立书院，主要职能是为政府修书，所纳之人皆是文采斐然、饱学渊博之人。

据《新唐书·百官志》和《唐六典》载，开元五年（717年），收集天下典籍，在乾元殿整理，设各种专职整理和管理人员。开元六年（718年），乾元殿更号丽正修书院，改修书官为丽正殿直学士，并于光顺门外亦设一丽正修书院。开元十三年（725年），大明宫光顺门外，东都明福门外两所丽正修书院均改为集贤殿书院。

集贤殿书院也叫集贤书院，旧址位于武则天时期建造的气势雄伟、建筑华丽的明堂旁。据《旧唐书·礼仪志》记载，隋文帝、隋炀帝时期，朝廷都想在京城建造明堂，但碍于各种原因，始终没有实行。

直到唐太宗平定天下之后，才又一次"命儒官议其制"。于是诸儒就建筑的名称、式样、大小、繁简等问题进行辩论，只可惜辩论得热火朝天，但最终也没什么结果。

到了武则天当政的时候，那些儒生们又把这件事翻了出来，屡次上书请求修建明堂。垂拱三年（687 年）春，终于如愿。武则天下令，毁东都之乾元殿，就地创之，到了垂拱四年（688 年）正月初五时候，明堂建成。

整个明堂，气势恢宏。凡高二百九十四尺，东西南北各三百尺。有三层：下层象四时，各随方色；中层法十二辰，圆形的盖顶上盘九龙捧之；上层法二十四节气，盖顶也是圆形且亭中有巨木十围，上下贯通，恒之以铁索。最上面的盖顶为鸑鷟并且特别以黄金饰之，势若飞翥，刻木为瓦，朱红漆之。

武则天创建了明堂，却并没有什么大动作，直到开元年间，唐玄宗巡视洛阳，才"削明堂之号，克复乾元之名"，继而"常以元日冬于乾元殿受朝贺"，后来"乃就乾元殿东序检校"，设立了东都乾元修书院。

开元六年（718 年），唐玄宗"及还京师"，而后"迁书东宫丽正殿，置修书院于著作院"。因此乾元修书院改为丽正修书院。后来，唐玄宗召集张说等大臣，在集仙殿一边宴饮，一边商讨封禅之事的时候，忽然想到"与卿等贤才同宴于此，宜改集仙殿曰集贤殿"，就又下诏，把丽正修书院改成集贤殿书院，并授张说为集贤院学士，知院事。至此，唐朝设立在东都洛阳的皇家图书馆正式被命名为集贤殿书院。

集贤殿书院始于唐代开元年间，是官方最早称为"书院"的机构。它虽然不是后来意义上的那种聚徒讲学机构，却负责收集整理各种图书典籍，修撰国史时政，为朝廷"制诏书敕"。

因为这项重要的职能，所以它为保存和传播文化典籍，开展学术研究，以及向国家举荐和选拔经世致用之才起到了积极的推动作用，在我国教育史上具有不可磨灭的开创之功。

贞元十七年（801年），柳宗元被任命为蓝田尉（正六品），两年后被调回长安，任监察御史里行。从此，他与官场上层人物交游更广泛，对政治的黑暗腐败有了更深入的了解，也逐渐萌发了要求改革的愿望，并成为王叔文革新派的重要人物。

第六章 坎坷婚姻

　　柳宗元一生少年得志，文采斐然，但他的婚姻却十分不幸。我们在前面说过，早在柳宗元少年时期，柳宗元的父亲柳镇的好朋友杨凭，就因为赏识柳宗元的人品和才华，把自己的女儿许配给了他。虽然是自小订的娃娃亲，但直到最后，两家也始终都没反悔。

　　贞元九年（793 年），柳镇死后，柳宗元守父丧。守丧满后，柳宗元就把杨家女儿娶进了家门。细细算来，杨家和柳家也算是门当户对，更何况杨凭的夫人死得早，女儿由杨凭一手调教，出落得温顺体贴，知书达理，一点也没有大户人家小姐惯有的刁蛮任性。

　　过门后，杨氏勤俭持家，孝敬公婆，深得柳氏一家人的喜爱，柳宗元的母亲卢氏还说过这样一句话："自吾得新妇，增一孝女。"

　　因为两家是世代的"通家之好"，所以柳宗元的母亲把自己儿媳妇当成女儿一样看待。在柳家，不仅卢氏老夫人对杨氏视如己出，就连柳宗元的两个姐姐也把弟媳当成亲姊妹看待。一家人关系融洽，其乐融融。

唯独不幸的是，杨氏的脚有点小毛病，行走不便。结婚不到三年，就怀孕难产，二十三岁就死了。柳宗元与杨氏的感情非常好，他对杨氏的死哀痛不已，发愿要"与之死同穴"。这种丧妻之痛伴随了柳宗元一生，他终其一生，都在为丧妻失子而难以释怀。

在唐代，婚姻有着严格的等级制度，男人不但要娶妻还可以纳妾。但是，柳宗元在杨氏死后，他一直没有续娶。

自杨氏死至永贞年间，六年的时间里，柳宗元的感情生活一直比较单调，直到后来遭贬，一直到死，他也没有再正式婚配，终生与妻子的娘家——杨氏一家保持着亲密的交往，与杨家三兄弟及后人频有书信来往。这种感情和作为未免让人看了感动。

虽然没有再正式娶妻，在永州时，柳宗元身边却有一个女儿，时时陪伴。她名叫和娘，生于长安善和里。据史料推断，她可能是柳宗元在京城时，与人同居时所生，因其母身份低微，又非婚生女，所以一直没与柳宗元相认。

直到柳宗元遭贬后，和娘才跟着柳宗元去了永州。不幸的是，和娘来永州不到四年，就在元和五年（810年）四月三日那天，因病去世，年仅十岁。

女儿死后，柳宗元依然孑然一身，又因遭贬，是一个身处荒蛮之地的待罪之人，不可能再求门当户对的婚配。

但古语有言："不孝有三，无后为大。"柳宗元也不能不为自己的后代着想。所以，他只能抛却了门第和感情的因素，单纯为了续子嗣，只得找农家女生儿育女。他在《马室女雷五葬志》说："马室女雷五，家贫，岁不易衣（终年没衣服替换）。……以其姨母为伎于余也。"据此推断，柳宗元永州后期

及柳州时的子女，很可能为马室女雷五姨母所生。

北宋张端义曾在《贵耳集》中说："唐人尚文好狎（好色）。"辉煌一时的唐室王朝开创了经济文化的盛世，也开创了蓄伎纳妾之风。

据《新唐书·宦者列传》载，开元天宝间，玄宗有宫女四万多人。上行下效，州府郡县均设官伎，兵营有营伎，达官贵人有家伎。其蓄伎数百者，史载不胜枚举。官场宴饮娱乐，迎来送往，以伎侍之。而民间则有市伎。据文献记载，唐代金榜题名的士子们，也有召伎侍宴的习惯，以伎为妾是一些文人士者的时尚。

但是，尽管当时的朝廷对这种情况作了一定程度上的规范，比如"三品以上，听有女乐一部，五品以上，女乐不过三人”，却阻止不了互相抢夺家伎、为了一个家伎争风吃醋的风气。这种现象，在唐代文献中屡见不鲜，文人士大夫之间亦如此。

柳宗元的好朋友刘禹锡就曾经养过一个很漂亮的女子，朝中官吏李逢吉听说之后，便想据为己有。于是，有一天，他在家中设宴，招待刘禹锡和朝中的几个大臣。按照当时的风气，所有的宾客都带着自己的宠伎而来。一通酒足饭饱之后，众人各自散去。但是，正当刘禹锡与李逢吉作别之时，李逢吉借着酒劲儿，故意扣住刘禹锡的爱伎不放。

刘禹锡好言好语，多次相劝，始终也没有说动李逢吉。就这样，万般无奈之下，刘禹锡只得从长计议，留下了那个女子，自己先回家去了。

回家之后，刘禹锡非常想念那个爱伎，食不能安，夜不能寐，但是，辗转反侧之下，也没有想出什么好办法，只好写了一首诗，派人送给李逢吉，希望他能把家伎还给自己。过了几天，刘禹锡本来以为李逢吉已经回心转意，所以，找了个机会，又约了几个朋友去了李府。但是，令刘禹锡万万没有想到的是，见面之后，李逢吉只是一个劲地称赞刘禹锡的诗写得好，每当提及正事儿，他总是王顾左右而言他，就是不打算放人。

刘禹锡见状，愤愤不平，拂袖而去，在无奈而又悲愤之中，只好举杯邀月，借酒浇愁。酒兴上来，拿起大笔，挥笔疾书，写下了四首诗，题为《怀伎四首》。

李逢吉这么做，勉强还能算是“窈窕淑女，君子好逑”的心理，至少，虽然手段有些下流，但还是可以理解的。

更有甚者，是唐朝的宁王李宪。这个李宪，家里本来有数十个宠伎，个个姿色出众，仪态不凡。但李宪还是"吃着碗里的，看着锅里的"，有了那么多宠伎还不满足，又偏偏看中了当街卖烧饼师傅的老婆，他欲火攻心，派人将人家的老婆强夺进府。

但是，在过了一年之后，这个抢来的女人也提不起宁王的兴趣了。于是，宁王心血来潮，立即又派人把那卖烧饼的师傅传唤进府，在几个宾客面前，让他们夫妻相见，结果夫妻两个抱头痛哭，惹得在场的客人们都唏嘘不已，为之动容。宁王见状，哈哈大笑，拍案叫绝。高兴之余，就放了他们夫妻二人，让他们回家团聚去了。

以上所说的这种蓄伎纳妾的达官贵人，当然是不能和柳宗元同日而语的。这些达官贵人们如此之为，不过是为满足一己私欲，贪图享乐。而柳宗元纳妾养伎，却只因欲求子嗣，延续血脉，实乃无奈之举。

从身份上看，柳宗元本来出身高门望族，如今却因身处困境，不得不抛弃门户之别，择取马室女雷五姨母，其内心的无奈和苦痛，自然可想而知。

第七章　文坛挚友

有人说："情场失意，官场得意。"和那些在科举中苦苦煎熬的人相比，柳宗元的仕途还算是比较顺利的。他二十岁就考中了进士；二十五岁时又考取了博学宏词科，不可不谓春风得意，少年得志。考取博学宏词科后，他被任命为一个校正图书典籍的从九品上的小官。

虽然官职没有多大，地位也不算很高，但毕竟是进入官场的开端，柳宗元对这一官职还是比较在意的。被任命后，无论是给高伯祖柳浑写行状，还是书写官样文章，柳宗元都会郑重其事地写上"集贤殿正字"字样，以示重视。

在做集贤殿书院正字的日子里，柳宗元得以博览群书，开阔眼界，同时也开始接触朝臣官僚，了解官场情况，并关心、参与政治。

到集贤殿书院的第一年，他写了《国子司业阳城遗爱碑》，颂扬了在朝政大事上勇于坚持己见的谏议大夫阳城，第二年写了《辩侵伐论》，表明坚持统一、反对分裂的强烈愿望。

在这个职位上，柳宗元一共待了三年。到贞元十七年（801年）的时候，他被调到蓝田县做县尉。蓝田县是长安附近的畿县，也就是京城的直管县，县尉是一个"正九品下"的小官，管追捕盗贼等司法刑事，这个调动也算是官职稍微升了一下。

这个县尉，柳宗元做了两年，但在这两年期间，他一直没有到任，而是被京兆尹韦夏卿留在身边，做了文书。

贞元十九年（803年），柳宗元被调回京城，做了监察御史里行。监察御史是御史台官员，里行是见习的意思。这个官位的级别也不是很高，才正八品上，但是权力却很大，凡朝廷内外，文武百官，都要接受其监察。所以，直到这时，柳宗元才算是正式步入了上层社会的官场生活。在这里，不得不提到和柳宗元同年考中进士的刘禹锡。

刘禹锡是柳宗元的好朋友，洛阳人，是中山靖王的后裔，其父、祖均为小官僚。安史之乱时，刘禹锡的父亲刘绪为躲避战乱，举族东迁，寓居嘉兴（今属浙江）。

刘禹锡在江南度过了青少年时期，他很小时就开始学习儒家经典和吟诗作赋，既聪明又勤奋，在作诗方面，曾得到当时著名的诗僧皎然、灵澈的熏陶指点，后来，长到了十九岁左右的时候，刘禹锡开始游学长安，并在士林中获得了很高的声誉。

贞元九年（793年），他与柳宗元同榜进士及第，同年登博学宏词科。两年后，再登吏部取士科，不久丁忧居家。

贞元十六年（800年），杜佑以淮南节度使兼任徐泗濠节度使，聘刘禹锡为掌书记。刘禹锡之后随杜佑回扬州，居幕期间代杜佑撰表状甚多。贞元十八年（802年），刘禹锡被调任京兆府渭南县主簿，不久迁监察御史。当时，韩愈、柳宗元均在御史台任职，三人结为好友，过从甚密。

贞元二十一年（805 年）正月，唐德宗卒，顺宗即位。原太子侍读王叔文、王伾素有改革弊政之志，这时受到顺宗信任而进入权力中枢。

刘禹锡与王叔文关系很好，刘禹锡的才华和志向也得到了王叔文的格外器重。于是，刘禹锡被任命为屯田员外郎，参与对国家财政的管理。

这段时间，刘禹锡政治热情极为高涨，和柳宗元一道成为革新集团的核心人物。"二王刘柳"集团在短短的执政期间出台了不少具有进步意义的措施，但由于改革触犯了藩镇、宦官和大官僚们的利益，在几股保守势力的联合反扑之下，革新很快就宣告失败。

顺宗被迫让位于太子李纯，王叔文被赐死，王伾被贬后病亡，刘禹锡与柳宗元等八人先后被贬，这就是历史上著名的"二王八司马事件"。

元和九年（814 年），刘禹锡与柳宗元等人一起奉召回京。次年三月，刘禹锡写了《玄都观桃花》这首诗：

紫陌红尘拂面来，无人不道看花回。
玄都观里桃千树，尽是刘郎去后栽。

这首诗表面上是在描写人们去玄都观看桃花，但在骨子里却是讽刺当时的权贵。从表面上看，前两句是写看花的盛况，人物众多，来往繁忙，而为了突出这些现象，就先从描绘京城的道路着笔，一路上草木葱茏，尘土飞扬，衬托出了大道上人马喧哗、川流不息的盛况。写看花，又不写去而只写回，并以"无人不道"四字来形容人们看花以后归途中的满足心情和愉快神态。通过人们在长安一座道观——玄都观中看花这样一件生活琐事，讽刺了当时的朝廷新贵。刘禹锡因此得罪了执政者，被贬谪到更远的播州去当刺史，幸有裴度、柳宗元诸人帮助，才改为连州刺史。

大和元年（827年），刘禹锡任东都尚书。次年回朝任主客郎中，回朝后他又写了《再游玄都观》，此诗表现了他屡遭打击而始终不屈的意志。

百亩庭中半是苔，桃花净尽菜花开。

种桃道士归何处？前度刘郎今又来。

刘禹锡晚年长住洛阳，与朋友白居易、裴度、韦庄等交游赋诗，唱和对吟，生活闲适，和白居易留有《刘白唱和集》、《刘白吴洛寄和卷》，与白居易、裴度留有《汝洛集》等对吟唱和佳作。此后，他历任集贤殿学士、礼部郎中、苏州刺史、汝州刺史、同州刺史，最后以太子宾客分司东都，于会昌二年（842年）病卒于洛阳，享年七十岁。死后被追赠为户部尚书，葬在河南荥阳（今郑州荥阳）。

在历史上，刘禹锡与白居易齐名，世称"刘白"。白居易称他为"诗豪"，对刘禹锡推崇备至，刘禹锡的诗歌传诵作品极多，刘禹锡的山水诗自成一体，别开生面，改变了大历、贞元诗人襟幅狭小、气象萧瑟的风格，常常写出了一种超出空间实距的、半虚半实的开阔景象。

除了刘禹锡，柳宗元和韩愈的关系也不错。韩愈父亲早逝，韩愈三岁时便成了孤儿，寄养在堂兄家中。因自念是孤儿，韩愈从小便刻苦读书，无须别人嘉许勉励。大历至贞元之间，文章大多崇尚仿古，模拟扬雄、董仲舒的著述风格，而独孤及、梁肃学问最为深奥，受文人推崇。韩愈同这些人交往，锐意钻研，希望自己在一代人中崭露头角。

但是，韩愈的仕途历程远没有柳宗元顺利。贞元二年（786 年），十八岁的韩愈胸怀大志，进京参加进士考试，没想到三次接连失败，直至贞元八年（792 年），第四次进士考试才考取。

考取进士之后，韩愈又三次参加吏选，也都失败。贞元十年（794 年）冬，韩愈第四次参加吏部考试，他三次给宰相上书，没有得到一次回复，之后又三次到当权者家中拜访，也都被拒之门外。

直到贞元十二年（796 年）七月，韩愈的仕途才有了一点转机。因为受到了董晋的推荐，他终于找到了机会，出任宣武军节度使观察推官。在任观察推官的三年中，他边指导李翱、张籍等青年学习，边利用机会，极力宣传自己对散文革新的主张。

贞元十七年（801 年）秋末，通过铨选，韩愈被任命为国子监四门博士。这一年的冬天，晋升为监察御史。

韩愈、柳宗元、刘禹锡三人关系非常好，几乎到了无话不说的地步。这时的柳宗元在朝廷内外已享有很高的声望，其风采怡人，心气高傲；他呼朋唤友，议论时政；他跃跃欲试，图谋干一番大事业。但是，永贞初年，柳宗元因试图参加永贞革新，在革新中，他不但没有借势把自己送上权力的巅峰，相反，却因此陷入了万劫不复的深渊……

第八章　永贞革新

　　永贞革新，史称"二王八司马事件"，所谓革新，自然要革除旧的，创造新的。从政治的角度说，也就是除旧弊，立新政。但是，想要除旧立新，却并不是那么容易的。就拿永贞革新来说，它牵扯到当时祖孙三代的皇帝。

　　首当其冲的就是唐德宗，唐德宗在位二十六年，后期弊政颇多，据《新唐书·宪宗本纪》所载，甚至连唐朝最终灭亡，都是由唐德宗所遗祸患造成的。

　　按照宋代范祖禹所著的《唐鉴》中的说法，唐德宗的弊政主要有三：一是姑息藩镇；二是委任宦者；三是聚敛货财。姑息藩镇倒不算很重要，因为唐朝自安史之乱后，藩镇的问题就一直难以解决。至于委任宦者，也不算是德宗的罪过。身为皇帝，不是宠信外戚，就是宠信宦官，这没什么值得惊奇的。最值得说道的，就是德宗在聚敛货财方面花样翻新。

　　唐德宗非常聪明，他设立了宫市。宫市是什么呢？从名义上来说，它是太监替皇帝采买东西，实际上却相当于直接向老百姓抢夺财物。在买东西的过程中，太监们倚仗皇帝的权势，往往随意抑价。买人数千钱东西，只给值百钱的物品，甚至白取白拿，白居易的诗歌《卖炭翁》，说的就是宫市给老百姓带来的灾难。

> 卖炭翁，伐薪烧炭南山中。
>
> 满面尘灰烟火色，两鬓苍苍十指黑。
>
> 卖炭得钱何所营？身上衣裳口中食。
>
> 可怜身上衣正单，心忧炭贱愿天寒。
>
> 夜来城外一尺雪，晓驾炭车辗冰辙。
>
> 牛困人饥日已高，市南门外泥中歇。
>
> 翩翩两骑来是谁？黄衣使者白衫儿。
>
> 手把文书口称敕，回车叱牛牵向北。
>
> 一车炭，千余斤，宫使驱将惜不得。
>
> 半匹红绡一丈绫，系向牛头充炭直。

卖炭翁有一车千余斤的木炭，却被宦官只用半匹红绸一丈绫，就抢走了。烧炭翁在冰天雪地里，衣单口饥，欲哭无泪，只能空手而归。

《新唐书·食货志》说：每当人们看到宦官出来，"沽浆卖饼之家，皆撤肆塞门"。做小生意的都关门不干了。

除了宦官之外，与宦官一样害人的还有小儿，也就是五坊里的当差人。五坊里，是替皇帝饲养打猎用鹰犬等物的地方。在里面当差的小儿们和宦官一样，借着皇家的权势为非作歹，到处残害百姓，他们假借在老百姓住的地方张网捕鸟雀，却大肆抢夺老百姓的钱物，有的小儿甚至把罗网张到人家门前，不许百姓出入；还有的小儿把网张在井上，使人没法打水。

如果有人靠近，小儿说：你惊扰为皇帝供奉的鸟雀了！不是打就是骂，直到当事人出钱物求饶，他们才肯离去。这些小儿还常常相聚闹市，饮酒作乐，酒足饭饱之后，不给钱就走，店家要是向他们索要酒钱，就会遭到殴打谩骂。更有甚者，还会留下一口袋蛇，威吓店家说是供皇帝用的东西，务必要好好饲养，不能让其渴了饿了。店主没有办法，只好拿出银子，用好话哀求他们之后，小儿们才肯携蛇而去。

除此之外，德宗晚年还特别宠信宦官，任用奸臣裴延龄、韦渠牟为相，排挤陆贽等忠良，朝臣都不敢说话。唯有太子李诵从容论争，他每次向德宗进言，从不顾及宦官的脸色。对此，宦官俱文珍等人心生不满，久而久之，与太子结下了仇怨。

唐德宗为人猜疑刻薄，晚年昏庸，甚至因几句莫须有的闲话，就把太子妃萧氏给杀掉了。就连太子本人，也遭到猜疑，几度险些被废。

贞元二十年（804 年）九月，唐德宗患病不起，这个时候他终于良心发现，哭着要见太子，但宦官俱文珍等人图谋作梗，不让德宗见太子。二十几天的时间里，宫中与外界断绝音信。

贞元二十一年（805 年）一月二十三日，德宗驾崩，宦官们知道，一旦太子登基，肯定没有他们的好果子吃，于是就扣住遗诏，三日密不发丧。还召集众学士到金銮殿，放言说："立谁当皇帝还没有定。"阴谋废太子另立储君。

面对宦官的诡词，大家都不敢说话。这时，只有革新派翰林学士凌准"独抗危词"，旧臣见此情况，便也借机附和说，不能破坏立长之规，否则必然导致天下大乱。

宦官们无奈，只得放弃了废除太子的阴谋。

在革新派的鼎力辅助之下，在太子位上虚度了二十六年时光的太子，终于在贞元二十一年（805年）一月二十六日登上了皇权的宝座，是为顺宗。

顺宗在做太子的时候，就对德宗的种种弊政多有不满。他登基以后第一件事情，就是想变革新政，重整朝纲，因此一场变革新政运动也就自此拉开了序幕。

革新党派是在顺宗的直接领导下形成的，唐顺宗登基以后，任用王叔文为起居舍人，充翰林学士，王伾被任命为左散骑常侍，充翰林学士，可以随意在内廷走动。同时，刘禹锡、柳宗元、程异、凌准、韩泰、韩晔、陈谏以及吕温、李景俭等人也都与"二王"相处甚厚，最终形成一个以"二王刘柳"为核心的革新派。

王叔文，越州山阴（今浙江绍兴）人，父亲只做过城尉、左金吾卫兵曹一类的小官。尽管王叔文出身寒微，他却能言善辩，"能以口辩移人"，他为人"坚明直亮，有文武之用"，又"知书，好言道理"，常向人讲治世为人之道。

因此，王叔文深受德宗赏识，不久便进入东宫服侍太子李诵，王叔文在东宫侍奉太子李诵十八年，可见两人君臣相交相知之深。在东宫时，王叔文常和太子李诵讲述民间的疾苦，论辩为君之道，深得太子李诵的信任。

顺宗做太子的时候，曾与众侍读论说为政之道，讲到宫市之弊时，太子说：我去见父皇时，一定好好说说这件事。众人交口称赞，唯有王叔文一言不发。事后，太子问王叔文：论宫市时，先生为何不说话？

王叔文说："太子的本分是侍奉皇上，不应干预朝事。陛下在位岁久，如果小人离间，说你收买人心，你怎么解释?"太子听了王叔文的话，恍然大悟，从此更加倚重王叔文。

王叔文做人很有城府，私下密结当代知名之士，与韦执谊、吕温、李景俭、韩晔、韩泰、陈谏、柳宗元、刘禹锡等十数人结为生死之交。由此可见，他与太子李诵图谋革新政治的谋划远非一日，所以，太子李诵一继位，革新派就急不可耐地对德宗朝的三大弊政下手。

永贞革新期间，王叔文被升迁为礼部员外郎，专管诏书和奏章一类重要事务，政令每每都经"叔文与柳宗元等裁定"。王叔文对柳宗元和刘禹锡的话"言无不从"，当时人们不敢直呼其名，时称"二王、刘、柳"。

革新派掌权之后，先罢禁了劫掠民财、骚扰市场的宫市及五坊小儿，再放还宫女，减少宫中闲杂人员，停发内侍郭忠政等十九人俸钱，还计划从宦官手中夺回禁军兵权，任用老将范希朝为京西神策诸军节度使，运用韩泰为神策行营行军司马，以求夺回禁军军权，抑制宦官势力。

这些政策无疑是非常好的，只可惜当时朝中宦官的势力已经形成，当他们知道了"从其谋，吾属必死其手"的时候，就密令诸将勿以军权授人，使革新派纸上谈兵的计划落空。

贞元年间，关中大旱，京兆尹李实却虚报为丰收，强迫农民照常纳税，逼得百姓拆毁房屋，变卖瓦木，买粮食纳税。

百姓对他恨之入骨，王叔文等得知消息之后，当即罢去其京兆尹官职，贬为通州长史。消息传出，百姓为之欢呼。

在用人方面，革新派还处理了兼任诸道盐铁转运使，使"盐铁之利，积于私室，而国用日耗"的浙西观察使李锜，将财政大权从藩镇收归中央。

王叔文亲掌盐铁转运使，控制国家经济命脉，并召被贬贤臣郑余庆等回京。郑余庆后任宰相多年，颇有清誉。当时，各地节度使经常通过进奉钱物，讨好皇帝，有的每月进贡一次，称为月进，有的每日进奉一次，称为日进，后来州刺史，甚至幕僚也都效仿，向皇帝进奉。唐德宗时，每年收到的进奉钱多则五十万两，少则三十万两。

革新派上台后，规定除两税外，"不得擅有诸色榷税"；除常供外，"不得别进钱物"，并免除百姓积欠的租赋课税，此举深受百姓拥护。

剑南西川节度使韦皋派副使刘辟到京都对王叔文进行威胁利诱，要求总领三川（即剑南东川、西川及山南西道），以扩大割据地盘，并扬言："若与某三川，当以死相助；若不与，亦当有以相酬。"王叔文正言厉色地拒绝了韦皋的无理要求，并要处斩刘辟，刘辟狼狈逃走。

顺宗垂帘问政，仅宦官李忠言、美人牛昭容分侍左右。上传之事，要一经过韦执谊，二经过王叔文，三经过王伾，四经过李忠言，五经过顺宗宠妃牛昭容，才能为顺宗所知晓。下达之事，也这样复杂，这就造成了皇帝与革新派之间的信息不畅通。在这种情况下，变革新政自然也就不可能顺利。

这时，追利求官者也纷至沓来，当时革新派家的门前，昼夜车马如市。为了见王叔文等人，很多人整日守在长安的酒店里，导致长安的住宿费狂涨千钱。

如此一来，本来锐意改革的革新派内部就出现了腐败受贿的现象，王伾当时收受了很多贿赂他的珍宝，为了存放这些珍玩，他在家中放了一个无门的大柜，开一窟窿，来藏珠宝，让他的妻寝卧在上面，来保护财宝。

很多送礼的人都是有目的的，而一旦求利者的目的达不到，就会立刻反目成仇，转而攻击革新派。

贞元二十一年（805年）三月，侍御史窦群、御史中丞武元衡将革新派列为异己，并进行攻击。同时，宦官俱文珍、刘光琦、薛盈珍等人也跳出来，这些人诬陷李忠言是宫中的新人，与王叔文等人结成朋党，然后，趁着顺宗久病不愈的机会，立广陵王李淳为太子。

当时有三位宰相，高郢无所作为，贾耽、郑珣瑜称疾不起，以表示与革新派不合作，所以，在这个时候，革新派陷入了孤立无援的境地。

五月，王叔文因之前亲掌盐铁转运使，加拜户部侍郎，宦官俱文珍等人趁机削去王叔文的翰林学士之职。

因为翰林专管机密诏令，职权非常重要，王叔文失去了翰林学士之职以后，就无法接触到朝廷的核心机密，从此也就无法继续领导变革新政运动了。

作为革新派的重要成员之一，王伾当然知道王叔文一旦被边缘化之后，就会后患无穷。于是，他一再疏请，但是，由于朝中的反对势力非常强大，最终也只允许王叔文"三五日一入翰林"，这个时候形势已经对革新派非常不利了。

就在这个节骨眼上，对革新派更为不利的是，王叔文因为母亲去世必须回家去居丧，至此，朝廷中的形势急转直下，革新派的地位更是岌岌可危。之后，剑南西川节度使韦皋、荆南节度使裴均、河东节度使严绶等人也相继向顺宗及太子奏表进笺，攻击革新党派。

七月，韦执谊不听王叔文的调遣，革新派内部发生了分裂。与此同时，与革新派对立的既得利益者却非常团结一致，在这种形势下，变革新政运动已无法再进行下去了。就这样，革新运动刚刚开始，还不到半年的时间就被守旧势力联手剿杀了。

第九章 革新破产

　　革新派的失败其实是一种必然的结果，首先，是因为革新派的执政基础本来就很薄弱，唐顺宗即位时，最高权力层居相位的有四人，翰林学士有五人。但在这些人中，有七人抵制和排斥王叔文等人的革新派力量。就连革新派召回的韩皋，因为是韩泰的本家兄弟，他也凭借贵门，不愿依附王叔文。柳宗元后来回想起这件事，只能慨叹地说："满朝文武，知己者只有十几人而已。"而仅仅就这么十几人之间也很不团结，经常在革新派内部发生内讧。这种内讧，更是革新派失败的重要原因，韦执谊本来就是一个机会主义分子，在做翰林学士时，多次索贿，行径相当卑下。

　　起初，韦执谊看顺宗信任王叔文，就主动与王叔文交往。可是，当他做了宰相之后，为了自保，他经常两面三刀，处处与王叔文作对。到了后来，干脆不听王叔文的指挥，两人彻底决裂，势同水火。革新失败后，韦执谊知祸将至，虽还在位，可办事时却瞻前顾后，连听到脚步声都吓得心惊肉跳，哀泣之状，未免让人感觉不耻。

　　这种来自革新派内部的分裂，恰好给宦官和藩镇势力带来了可乘之机，因此革新失败也是一种必然的命运。其次，革新派在用人方面，也多有不当之处。

德宗时期，禁军已扩大到十五万，而当时节度使手下能作战的军队，最多不超过三五万，少的仅有一万。所以，唐代士人和外藩依附宦官，求媚取利求官的情况屡见不鲜。

永贞革新时，带头攻击革新派的裴均和严绶，都是宦官的养子和傀儡。而当时，王叔文想借老将范希朝统军，派韩泰去接管神策军，说是消息走漏，其实是被人出卖了。

范希朝本是神策军凤将，与宦官有千丝万缕的联系。宪宗即位后，他不但没受王叔文牵连，反而得到了升迁。王叔文等人都是儒者气质的人，是一群循规蹈矩的文人，不会用权谋，更少阴谋、机变。革新派急于求成，四面出击，导致树敌太多，这是一大忌。

屋漏偏逢连阴雨，这时王叔文又遭母丧，按礼制，他得离职守丧。在临走之前，王叔文在翰林院置酒，邀宦官李忠言和俱文珍等人，他说自己离职之后，自然会遭受百般诋毁和诽谤，想求各位帮忙，予以周全。

结果当场遭到俱文珍的驳斥，而王叔文无奈之下，只能缄口不言。这种想当然的书生气也足以体现出他的迂腐，竟然想凭一杯酒，就能与宦官捐弃前嫌，只能是一厢情愿罢了。

其实，对这种危局，革新派的吕温头脑还算比较清醒，看得也比较远，思虑也深，他不主张谋划未妥就强行发难，只可惜当时，革新派已经被逼到了墙角，箭在弦上，不得不发了。

其实当时，如果革新成功，按柳宗元等人的想法推行新政，中国历史也许可能会改写。但历史并不是后人可以按常规随便来想象的，历史并没有给柳宗元他们表现的机会。

后来，革新派众叛亲离，宦官和旧臣拥立宪宗为太子。这本来不合顺宗的本意，顺宗担心宪宗强势和工于心计，欲另有所立，可在宦官和旧臣的威逼下，已经丧失了行动能力的顺宗只能屈从。

说到"择君置臣之道"，虽然王叔文和顺宗一样，反对立宪宗为太子，也私下密谋另立新太子，只可惜动作太慢，还没来得及动手就已经失败了。也正因此，王叔文遭到了杀身之祸，被贬的第二年，就被赐死了。

顺宗在位仅一年时间，之后，宪宗即位，宪宗下诏，贬王伾为开州（今四川开县）司马，王叔文为渝州（今四川重庆）司马，没过多久，革新派其他成员也都纷纷被贬出了京城。

十一月十四日，朝廷守旧派大臣认为王叔文一党贬罚太轻，宪宗于是决定，加贬王叔文为远州司马，柳宗元由邵州（今湖南邵阳市）刺史改为永州（今湖南永州市）司马。

韦执谊因是宰相杜黄裳的女婿，杜黄裳反对永贞革新，韦执谊借丈人的光，数月之后才被贬去崖州（今海南琼山县）做司马。就这样，二十八岁的宪宗掌权后，很快就和宦官勾结在一起，把碍眼的顺宗和影响他皇位的族兄统统处理掉，以此来稳固自己的地位。

为了掩盖此事，让自己少点骂名，宪宗厚葬顺宗，甚至用活人为顺宗陪葬，还给自己加了"孝德"的尊号。崔群本是宪宗宠信的宰相，只因对这件事说了不同的意见，就被贬放了出去。

对于参与永贞革新的宦官李忠言和牛昭容美人，史书没有记载他们后来的命运，但是，根据宪宗的种种举动，他们的下场也就不难想象了。

　　按唐制，官吏被贬后，如遇大赦，或三五年会得量移，可宪宗即位改元，一年三次下诏令，反复重申不宽赦和"量移"柳宗元等人。

　　从此之后，唐朝又创了一个新的恶例，每个皇帝都把自己任用的人当作私人，继位的皇帝对前帝的私人，不论是非功过，一概予以驱除。

　　而宦官拥立皇帝，朝官分成朋党，本来就有相沿成习的趋势，在唐宪宗以后，也都开始表面化了，因此后代也就有了"一朝天子一朝臣"的说法。

　　通过"二王八司马"的悲剧可以看出，"永贞革新"是一次失败的政治改革，革新运动被扼杀后，唐朝政治陷入了更加黑暗的时期……

第十章　被贬永州

贬官虽然名义上还是官，但同时又是罪臣，所以，戴罪之身，形同囚徒。也正因此，历朝历代对贬官的处置，向来都是极为严酷的，唐朝自然也不例外。

永贞元年（805年）九月十三日，柳宗元在接到贬诏后，带着年近七旬的老母卢氏、母亲的侄子——表弟卢遵和堂弟柳宗直等人，一起踏上了漫长的贬谪之路。

柳宗元原本是被贬为邵州（今湖南邵阳市）刺史的，可行到半路，又被贬为永州司马。柳宗元和刘禹锡这些人，本来就是宪宗皇帝和权宦们痛恨的仇人，所以，等待他们的流放道路也是异常的艰苦。值得说说的是，对于贬谪道路上的遭遇，柳宗元并没有留下只言片语的记述，这可能与他的为人气节有关，他不愿低声下气地去哀怨自己的苦痛。但是，大概就连柳宗元自己也没有想到，从他踏上了这条贬途起，终其一生，也都无法从这里走出来。

柳宗元的被贬地为永州，地处今天湖南、广东和广西三省交界处，远离京城长安三千五百多里，境内辖零陵、祁阳、湘原、灌阳四县，郡治在零陵。

尽管心情郁闷，感觉前途暗淡，但在面对更加困苦的老百姓时，柳宗元又表现出了文人的良善与慷慨。

在前往永州的路上时，他们经过了一个偏僻的荒村，此时已是中午，他们一行还没吃早饭，肚子早饿得咕咕叫。柳宗元叫随从去村子随便买点吃的填饱肚子，可随从到村子转了一圈，什么也没买到，正懊恼时，忽然他看到一个角落里有一只小狗。随从瞧四处无人，就抓住并勒死小狗，然后告诉柳宗元说这是刚买的。

柳宗元此时也是饿得前胸贴后背，见随从买回了小狗，不禁大喜，他们就在村子四周找了些柴火，就地烹狗。哪知小狗刚烹熟，此时一个白发苍苍的老太婆跑了过来，她看到地上的狗皮，立刻闹将起来，又哭又骂："你们这些恶棍，我这小狗养了还不到一年，本是给我女儿生孩子时催奶用的，没想到竟成了你们的口中物，你们乱杀人家的狗，遭天杀啊！"

听完随从的坦白，柳宗元怒不可遏，可小狗已烹，无法复活，柳宗元只好拿出一两银子，对老婆婆说："老人家，这一两银子就当做赔偿金吧，回去后我定会责罚随从。"可老婆婆并不接银子，说道："如今荒年荒月，我要你的银子又有何用，你赔我的狗来。"随从觉得老太婆无理取闹，就呵斥道："这是刚上任的柳大人，赔你一两银子可买十几条小狗呢，可别不识好歹。"柳宗元喝退了随从，说道："老人家，我知道现今银子不好使，这样吧，我这有一匹马，我吃你小狗，如今赔你一匹马，你看如何。"一条狗换一匹马，老婆婆自然高兴，于是问："此话当真？"随从赶紧拦住柳宗元说："此去离永州尚有五十多里，如果无马，大人如何受得了。"柳宗元说："没事，我还能走，可不能让老太婆在背后骂我。"说完，柳宗元就将马交给老太婆，他就这样一直走到了永州城。

公元 805 年，柳宗元到永州当司马，心情一直不好。怎样才能使心情舒畅一些呢？他在公务完成后，就到附近的山野去游玩。有一次他到冉溪游玩，发现那里景色果然宜人，他非常喜欢，就在那里安了家。但是，给这个地方取个什么名字呢？想来想去，他最后取了个"愚"字：溪称为愚溪，丘称为愚丘，泉称为愚泉，沟称为愚沟。他觉得他是因为"愚"而被贬官的，所以得用这个"愚"字来命名。但是，野外的游玩终究没能让他高兴起来。

柳宗元还游了小石潭，听到流水的声音，就像身上佩带的玉环碰撞发出的叮当响声，真叫人高兴啊！他看到潭中的小鱼，大约有一百条，就好像在空中游动，阳光照着，影子落在石上，一动也不动。有时突然游得好远，就好像跟柳宗元逗着乐似的。美景叫他流连忘返，他应该是很高兴的，可是一想到自己被贬，他又很痛苦。

有一日，柳宗元游玩至湘江边一村庄，此地家家户户都放养鸭子，鸭子也是招客的主菜。晌午柳宗元在一农户家吃饭，主人家去河边挑了只肥壮的鸭子回来。柳宗元见主人将鸭血直接洒到地上，觉得甚为可惜，突然想起自己故乡的醋，于是便叫主人把鸭血倒进醋里，并将血拌均匀，不让血凝固，以便备用。

主人按照平常炒鸭子的方法，先往锅里倒油，爆烧鸭子，将水分烧干后放少许酒和酱油、盐，然后放一小碗水淹没鸭子，盖上锅盖，待水分剩少许时放入本地辣椒、生姜、大蒜。柳宗元示意主人将醋血倒入，淋上醋血继续翻炒。不一会，一股香辣味直扑鼻子，只见菜呈糊状，紫红色，尝一尝，却比往常的味道更鲜美。据说这就是醋血鸭的由来。

　　但是，柳宗元心里毕竟关怀着百姓，常常到民间去考察百姓的生活。永州出产一种很毒的蛇，把它风干制成药，可以医治许多疾病。他特地访问了一个姓蒋的以捕蛇作为职业的农民。那个姓蒋的农民说："我的祖父因为捕毒蛇，稍不小心被毒死了；我的父亲也是这样死的；我捕毒蛇已经有十二年了，差一点死去的次数也有好多次了……"

　　他说着说着，脸色变得悲哀起来。柳宗元看他痛苦的样子，非常同情，就说："你既然怨恨捕蛇，那么我去跟当官的说一说，更换这个捕蛇差役，恢复原来的赋税，怎么样？"

　　不料那个姓蒋的农民慌忙摆着手，更加悲伤了，他说："您千万别这样！我虽然苦，但是比我的邻居要好多了。与我祖父同住在一起的，十户剩不到一户了；与我父亲同住在一起的，十户只剩下二三户了；与我同住在一起的，十户也只剩下四五户了。那些人不是饿死，就是逃荒去了。我是靠捕蛇才得以生存下来的。我只要捕到蛇，还能太太平平过日子。我的邻居们天天有死亡的危险啊！我就算因为捕毒蛇死了，也要比我的邻居们死得晚一些……"

柳宗元伤心愤怒地道："我过去看到古书上说，'苛政猛如虎！'还半信半疑。今天听了你的话，才知道这是真的。赋税比毒蛇还厉害啊！"说到这里大家都不愿再谈这个话题，坐了一会便各自歇息了。

回去后柳宗元非常有触动，于是就写了一篇名为《捕蛇者说》的文章。他由衷地说："官府的赋税对人民的毒害原来比毒蛇还厉害啊！"

永州之野产异蛇，黑质而白章；触草木，尽死；以啮人，无御之者。然得而腊之以为饵，可以已大风、挛踠、瘘、疠、去死肌，杀三虫。其始，太医以王命聚之，岁赋其二，募有能捕之者，当其租入。永之人争奔走焉。

有蒋氏者，专其利三世矣。问之，则曰："吾祖死于是，吾父死于是。今吾嗣为之十二年，几死者数矣。"言之，貌若甚戚者。

余悲之，且曰："若毒之乎？余将告于莅事者，更若役，复若赋，则何如？"

蒋氏大戚，汪然涕曰："君将哀而生之乎？则吾斯役之不幸，未若复吾赋不幸之甚也。向吾不为斯役，则久已病矣。自吾氏三世居是乡，积于今六十岁矣，而乡邻之生日蹙，殚其地之出，竭其庐之入，号呼而转徙，饥渴而顿踣，触风雨，犯寒暑，呼嘘毒疠，往往而死者相藉也。曩与吾祖居者,今其室十无一焉;与吾父居者,今其室十无二三焉;与吾居十二年者,今其室十无四五焉。非死则徙尔,而吾以捕蛇独存。悍吏之来吾乡,叫嚣乎东西,隳突乎南北,哗然而骇者,虽鸡狗不得宁焉。吾恂恂而起,视其缶,而吾蛇尚存,则弛然而卧。谨食之,时而献焉。退而甘食其土之有,以尽吾齿。盖一岁之犯死者二焉;其余,则熙熙而乐。岂若吾乡邻之旦旦有是哉!今虽死乎此,比吾乡邻之死则已后矣,又安敢毒耶?"

余闻而愈悲。孔子曰:"苛政猛于虎也。"吾尝疑乎是,今以蒋氏观之,犹信。呜呼!孰知赋敛之毒有甚是蛇者乎!故为之说,以俟夫观人风者得焉。

柳宗元对当时社会的腐败有了更深刻的认识。他除了写游记外,还采用寓言的形式写了不少作品进行讽刺。他的《临江之麋》,写一只麋得到主人的宠爱,狗怕主人,所以只能跟麋玩但不敢吃它。三年后,麋外出,见到其他的狗还以为是同伴,结果被狗吃了。柳宗元借这个寓言讽刺那些依仗权贵得意忘形的小人。在《永某氏之鼠》中,他将"永某氏之鼠"比喻为那些自以为"饱食而无祸"的人,指出他们如果有这种心态,那一定会遭到彻底被消灭的惨祸。这则寓言深刻有力地讽刺了封建剥削阶级丑恶的人情世态,讽刺了纵恶逞凶的官僚和猖獗一时的丑类。后来人们将《临江之麋》、《永某氏之鼠》和现今广为人知的《黔之驴》三篇寓言合称为"三戒"。在永州,他还写了不少其他寓言,有的讽刺贪官污吏,有的讽刺剥削人民的封建地主。他的寓言，大家都很爱看，流传很广。

受柳宗元的影响，唐朝以后，大批名人贬官之后，均寓居于此。除了外来的名人，永州本土也出过很多名人，例如北宋周敦颐（道县人），年轻的时候，他曾经在道州月岩悟道，后来写过《太极图说》和《通书》，成为宋明理学的创始人。

还有唐代名僧怀素，年轻的时候，也在永州绿天庵出家。在那里，他以蕉叶代纸，练习书法，最终成为著名书法家，出自他手的《自叙》、《苦笋》等帖，对后世书法都有深远的影响。

另外，在永州的江永县江圩一带至今流传着世界上唯一的由女性专用的文字——女书。女书，又称为"女字"，即妇女文字，是一套奇特的汉字，它不仅符号形体奇特，记录的语言奇特，标记语言和手段奇特，流行的地区、社会功能和传承历史也很奇特。

女书脱胎于汉字，是汉字的变异。它的基本单字共有一千个左右，外观形体呈长菱形的"多"字式体势，右上高，左下低，斜体修长，秀丽清瘦，乍看上去似甲骨文，又有许多眼熟的汉字痕迹。

女书所记录的语言，既不是湘语、西南官话，也不是瑶语，而是一种流行于永州一带的汉语土话。与汉字是表意文字不同，女书是一种单音节音符字的表音文字。女书作品绝大部分为七言诗体唱本，其载体分纸、书、扇、巾四大类；内容大多是描写当地妇女的婚姻家庭、社会交往、幽怨私情、乡里逸闻、歌谣谜语等，也有的被编译成汉字唱本。女书作品所涉及的内容十分广泛，因而，从这些女书作品中，我们可以清晰地看到当地妇女的整体形象。

女书具有文字学、语言学、社会学、民族学、人类学、历史学等多方面的学术价值，因而被国内外学者叹为"一个惊人的发现"、"中国文字史上的奇迹"。

除了女书，永州的戏曲文化也比较发达。永州境内很早就有戏剧表演，此后，经过长期的发展，更是形成了富有地方特色的大型地方剧种——祁剧。与此同时，在永州境内还有零陵花鼓戏、祁阳小调、木偶戏等地方戏曲。永州人主要信仰佛教、道教，这两种宗教也对永州的历史、文化、艺术产生过较大的影响。

在这一个远离中原地区文化的地方，能出现这样璀璨的文化火种，不能不说是受了柳宗元等贬谪到此地的文化名人的影响。

第十一章 一落千丈

永州人口本来就不多，经过安史之乱后，人口更是锐减至六千三百四十八户，二万七千五百八十三人。到了元和初年（806年）的时候，永州仅剩下八百九十四户。

当时，柳宗元的住处四周，毒蛇、毒蜂遍地，水边还有一种叫"射工"的毒物，也称"射影"，传说能从水中射人，中者生疮，连人影子中了也会得病。还有一种沙虱，传说会害人。

柳宗元从四品刺史贬为正六品司马，形同罪犯。以前和他交往的人如今都作鸟兽散，就连亲朋也"羞与为戚"，平时追慕他的人更是毁灭书信，隐去交往的痕迹，生怕遭受连累。

从朝堂之上的重臣，到蛮荒之地的贬官，如此变化，简直就像一下子从云空跌入万丈深渊一样，其中的痛苦外人无法体会。

刚来永州时，因为司马是编外官职，柳宗元并没有固定的办事地点和住的地方，幸亏他早年在长安结识了重巽和尚，在和尚的帮助下，他才在龙兴寺住了下来。

在永州，柳宗元整天"与囚徒为朋"，行动如有绳索捆绑，处处如戴枷锁前行，小心翼翼，不敢越雷池一步。每天所能见到的人，除了家眷就是和尚。

孤寂的寺庙生存环境让柳宗元痛不欲生，只能像老鼠一样苟且地过着朝不保夕的日子。一个从小生长在繁华京都的人，现在身处荒蛮的边地，与毒蛇、野兽杂居，每天吃了上顿没下顿，有时候连薄粥也吃不上。要不是为了家族的存续，他早就有了"一死了之"的念头了。

就在这时，母亲卢氏暴毙，她的死更让柳宗元绝望。他整个人都憔悴得像干枯的树枝条一样，精神也萎靡不振。不难发现，柳宗元已经看不到有"出头之日"的那一天了。

在永州的前几年，柳宗元与外界音信断绝，朝中的故臣旧友因怕受其牵连都不敢给他写信，直到四年后柳宗元才陆续收到京城里的书信。

柳宗元被贬后，整天郁郁寡欢，终日闭门谢客，以饮酒吟诗打发时光。闲时，就教小书童柳植写字作诗。这孩子聪明伶俐，一学就会，经柳宗元悉心教导，不但能吟诗作对，而且写得一手好字，特别是能把主人的笔迹模仿得惟妙惟肖，因此深得柳宗元的喜爱。

那年冬天，永州居然下了一场大雪，整个永州成了一个银妆玉砌的世界。知府邀请永州的文人墨客在鱼峰山上的"望江亭"喝酒赏雪。

席间，知府大人要来客每人作一首赏雪诗助兴，并规定最后一个字必须是个"雪"字。那帮文人写的尽是些俗不可耐的吹捧之诗。

柳宗元内心感到非常腻烦。他独自不动声色地大喝，轮到他写时，已酩酊大醉。他内心极其厌烦，告诫自己绝不能随波逐流，他迷迷糊糊地走到桌前，信手写了"千万孤独"四个大字。写完后，就摇摇晃晃趴在桌上。

知府大人见只写了这四个字，心里十分不满，卷起宣纸，便打道回府。小书童柳植见状，知道不妙，主人得罪了知府大人了，这四个字也许会成为整治主人的罪证。他急忙追去，在半山腰拦住轿子道："启禀老爷，我家主人酒醒了，深怀歉意，命小的来取那没写完的诗稿，让他继续写完。"知府没好气地说："叫他快点，我在这儿等他。"

柳植拿着只有"千万孤独"四个字的诗稿，回到望江亭，此时柳宗元还躺在石凳上呼呼大睡，任凭柳植千呼万唤，又拖又拽，柳宗元仍是半梦半醒之间，更别提能作诗了。柳植心急如焚，他知道知府还在半山腰等着，如果不赶紧将诗文写出，主人必定遭受大难，他望着茫茫白雪大哭起来。这时，在柳江江边，恰好有一叶小渔船停泊在浩渺的江天之中，一位老渔翁披着蓑衣独自一人在那里垂钓。柳植触景生情，诗兴勃发，赶紧拿起笔，在"千万孤独"四个字下面，挥毫添上诗句，最后一个字正是个"雪"字，符合知府大人的要求。柳植欢天喜地地写上了诗名《江雪》，兴冲冲地向山腰跑去。此时知府大人正等得心焦，旁人叫知府离开，但知府心慕柳宗元才华，一直不忍离去，此时见柳植将诗作送来，赶紧展开看，瞧纸上潇洒飘逸的笔迹，以为是柳宗元之作，读后细品之，再远观长空处，不禁捋须高叹，喜滋滋地走了。

傍晚时，柳宗元才酒醒过来，回想自己在宴会上所举，已有悔意。柳植此时便把自己如何写诗搪塞知府的事告诉了他，并将诗句朗诵给他听。柳宗元听了赞赏道："柳植，此文写得不错，这真是一幅绝妙的寒江独钓图！即使我酒醒时也不一定能写出此等佳作，真是有劳你了。"从此，这首《江雪》诗就成为我国诗坛的千古绝唱，并一直在小学课本中出现。

千山鸟飞绝，万径人踪灭。
孤舟蓑笠翁，独钓寒江雪。

当然，以上也许只是世人杜撰的一个传说，实际上一个小书童是不可能写出此诗的，或者说一个小书童根本无法写出此诗的意境。此诗应该是柳宗元谪居永州期间所写。他把自己的感情色彩附着于独钓的渔翁身上，使之成为孤高自得的精神化身。全诗写的是江野雪景，一个"绝"字和一个"灭"字，把一切活动着的事物全从视野中排除了，余下的便是一望无际的皑皑白雪。在这辽阔、幽冷的画面中，唯独一艘孤零的小船上有一蓑衣笠帽的渔翁在寒江边独钓。全诗都是写景，浑成一气，景中寓情，且"雪"在片尾点出尤觉奇峭，真乃好诗！

《柳汉东集》卷三十收录了六封元和四年（809年）他写的书信，都是回复亲朋好友的，信中他详细地述说了贬谪以来的痛苦生活和心境。这些人中有他父亲的旧友许孟容。

许孟容文章写得很好，又极有口辩之才，他在做皇帝身边谏官给事中时，以仗义执言闻名朝野，深受人敬重。

　　柳宗元岳父杨凭被贬临贺尉时，许孟容接任京兆尹。期间他做了一件震惊朝野的事，让宦官和权贵目瞪口呆。

　　当时神策军官吏李昱，借人钱不还，许孟容遣吏捕获后，斥责他说："如不按期还钱你就得死。"此语一出，众官皆惊。这简直是在老虎口里拔牙，以前没人敢这样做。

　　宪宗下诏要把人交禁军议治，许孟容执意不放人。他说：我这是为陛下抑制豪强，不还钱，我死不从命。宪宗没法，只好听之任之，李昱也只得还钱息事。自此京师豪强大族收敛多了。许孟容为人刚正不阿，柳宗元很钦佩。

　　许孟容写信安慰柳宗元，这应是父亲先友的情意，可也是要付出很大勇气的，这让柳宗元非常感动。

　　居蛮荒五年，与外界隔绝的柳宗元忽然收到许孟容的来信，欢喜跳跃，恍惚像在梦里一样，"捧书叩头"，惊喜地战栗着，心情久久不能平静。

　　这期间，写信安慰柳宗元的还有岳父杨凭和以前在京时的好友。另外，还有个叫李建的人，两次写信问候柳宗元，还给他寄来了治病的药饵，并写信让在常州做刺史的哥哥李逊关照柳宗元，这让"蛮夷中"的柳宗元"手舞足蹈"，高兴得说不出话来。

第十二章　不平则鸣

　　柳宗元被贬永州时期，结识了许多患难朋友。这些人同他有着相似的遭遇，在政治上一样不得志，在生活上一样颠沛流离。柳宗元十分同情他们的处境，常常挺身而出，为这些沦落者鸣不平。

　　初到永州，柳宗元便遇见了曾经名震一时的秀才——娄图南。这个娄秀才，在当时称得上是一个有抱负、有才华的读书人，然而却怀才不遇，得不到赏识。

　　早在贞元九年（793 年），柳宗元到京城考进士的时候，就听到过娄图南的名声。那时的娄秀才正是血气方刚的青年，风流潇洒，才华横溢，再加上写得一手好诗文，在京城长安可以说无人不知无人不晓。可是，就因为他为人一向耿直，从来不去巴结权贵，屈从豪门，结果始终不被封建官场所录用。

　　当柳宗元在永州碰到他的时候，时间已经过去十多年了，他却依然是一个"白衣秀才"，而且穷困潦倒，境况非常狼狈。柳宗元很同情娄图南的处境，为他的不幸遭遇深感忧愤，时间久了，两人便结成了知心好友。

　　娄图南在永州"居无室宇，出无僮仆"，连个寄身之处都没有，柳宗元就邀请他到自家居住。他们在一起朝夕相处了三年之久，经常一同外出游览，欣赏永州一带美丽的自然风光，一道吟诗作赋，交相唱和，日子过得倒也快活。

元和三年（808 年），娄图南将去游历淮南，临行时，柳宗元写了一篇序文和一首诗送给他。在序文中，他以娄图南的不幸遭遇为题材，深刻揭露了当时官场中种种丑恶现象，辛辣地讽刺了科举制度的腐朽、黑暗，为其友人大鸣不平。在诗歌中，他进一步表达了对挚友的同情和期望，并表示了自己愿意和娄图南永作知己，共同奋斗的愿望：

远弃甘幽独，谁云值故人。好音怜铩羽，濡沫慰穷鳞。

困志情惟旧，相知乐更新。浪游轻费日，醉舞讵伤春。

风月欢宁间，星霜分益亲。已将名是患，还用道为邻。

机事齐飘瓦，嫌猜比拾尘。高冠余肯赋，长铗子忘贫。

娄图南走后，柳宗元的另一位朋友——吴武陵又被贬谪到永州来了。吴武陵是贵溪人，元和二年（807 年）考中进士，可做官还不到一年，就因生性刚烈得罪了权贵人物，被流放到了这偏远的永州。

吴武陵当时还很年轻，但他才思敏捷，颇有做学问的功底。因此，柳宗元对他十分推崇，常邀他一同谈论诗文，研究哲学，每逢闲暇，还与他结伴郊游，共赏山川景致，两人的关系异常密切。

这一时期，柳宗元曾写下了许多文学和哲学著作，其中绝大部分都同吴武陵研究过。例如《非国语》、《六逆论》、《晋问》等杰作，这些著作的产生，可以说是与他们俩通力合作分不开的。

吴武陵的父亲也是一个能诗擅文的饱学之士，可他穷其一生也没有得到施展才华的机会。吴武陵到永州的时候，带来了他父亲的文集，并请柳宗元代写序文。

柳宗元读罢文集后，感慨万千，他对吴氏父子的才学赞叹不已，又为他们的不幸遭遇感到愤愤不平。于是，他在序文中严厉指责了当时的弊政，向当政者们发了一通牢骚。

此时的柳宗元，尽管也是自身难保，但他仍然保持着一个知识分子的清醒与良知。

第十三章 指导后学

　　柳宗元被贬到永州之后，南方很多读书人慕名前来，要求拜他为师；也有一些青年经常从远方给他写信，同他讨论文学，向他请教写作上的问题。

　　柳宗元虽然并不愿意承担老师的名声，但他却主动担负起了做老师的义务，除了循循善诱地教导那些求学者以外，对那一封封远方的来信也都认真地一一给予答复。

　　当时有个叫韦中立的年轻人，好学上进，他曾不辞辛苦地从长安赶到永州，去拜访柳宗元，坚决要求柳宗元做他的老师。

　　柳宗元果然在学业上给了韦中立很多帮助，多次在写作上热心地辅导他，但是对做老师这件事，他还是婉言谢绝了。他在《答韦中立论师道书》和《师友箴》中，曾这样写道：每个人的成长都离不开老师的指导，然而，当今世上真正够得上做老师资格的人委实太少了。我本人才疏学浅，没有作为，只恐怕胜任不了这一职责，贻误下一代……

　　柳宗元这种低调的答复，使当时一些好学的青年很不满意。其中一个叫严厚舆的秀才，曾几次给他写信，直截了当地批评了柳宗元的观点。严秀才要求柳宗元要像韩愈那样，勇敢地承担起做老师的职责，公开招收学生，为培养青年出力。

柳宗元接到来信以后，当即回信予以答复。他在信中十分诚恳地说："自己的才能和胆识都远不如韩愈，因此不敢以老师自居。不过，有来请教我的，我决不拒之门外，一定尽心尽力地给予帮助，和人家互相取长补短。"最后，他还一再说明："我所重视的不是老师的名义，而是它的实际。只要实际上能起到老师的作用，我就心满意足了。"

柳宗元并没有言过其实，他是这样说的，也是这样做的。后来，凡是前来向他求教的青年，都从柳宗元这里得到了不少教益和帮助。

有一次，一个叫袁君陈的秀才来信向他请教读书方法，柳宗元便把自己读书学习的体会告诉了他。他在给袁秀才的复信中谈道：首先，欲想真正学到一些东西，那就必须先从前人大量的著作中批判地吸收其经验，学习其长处。例如阅读《诗经》，就要集中体会其纯正的思想情操；阅读《春秋》，就要努力掌握它分析、判断事物的方法；阅读《易经》，就要充分理解它对事物发展变化规律的论述。其次，像《孟子》、《荀子》等作品的晓畅通达，《老子》的质朴精练，《庄子》的纵横奔放，《国语》的风趣，《离骚》的幽深，《史记》的简洁，也都值得认真去学习、汲取。柳宗元这种主张博览群书、各取所长的见解，显然是可贵的。

韦中立、严厚舆等青年向柳宗元请教写文章的技巧，柳宗元便用自己的创作经验去指导他们的写作实践。他曾反复向这些青年提出：要写好文章，必须做到既"奥"又"明"，既"通"又"节"，既"清"又"重"。他说：这六个字是对立的，但应该互相辅助，求得统一。

既"奥"又"明"说的是——文章必须有"抑"有"扬"，写得波澜起伏，"抑"是为了更深入地表达内容，"扬"是为了更鲜明地表达内容，有抑有扬，文章自然妙趣横生。

既"通"又"节"——这是指内容广阔而言的，"通"就是使文章通畅，源远流长，一泻千里；"节"就是有节制，在一泻千里之中有变化和曲折。

既"清"又"重"——这是说文章的分量，要深厚而简约，凝重而清丽，深入浅出，恰到好处。柳宗元把这些实践经验传授给了青年们，使他们在创作上有了很大的进步。

柳宗元诚心诚意地关怀、帮助青年，耐心细致地指导他们认真读书和从事写作，给古文运动组织、培养了一支精干的队伍。这支队伍在后来古文运动的深入开展中，发挥了积极的作用。

第十四章　寄情山水

中国的散文流传很早，但早期的散文大多用来叙事或议论，直到先秦两汉时期，还没有出现独立的山水游记。

齐陶弘景《答谢中书书》、梁吴均《与宋元思书》是出现较早的描写山水的篇目，北魏郦道元的《水经注》，用散文形式描绘了祖国山河，可算是山水游记的开山之作。但是，由于《水经注》还是更偏向于地理学方面的专著，所以在《水经注》中，对山川河流多是客观的描写，并没有多少文学的色彩。到了唐代，在继承郦道元"山水游记"的基础上，柳宗元自成一家，潜心创作，使山水游记最终成为一种独立的文体。

当时的永州虽然地处偏远、人烟稀少，但自然风光秀丽，山水俊美。柳宗元来到永州之后，他的官职是"司马"，这一官职相当于刺史的助手，并无实权，所以，本来一心想在政治上有所作为的柳宗元，此时仕途失意，为了排遣心中的抑郁，他常在永州的山水间游览，以此来寻求精神的寄托。

这一仕途无望的时期，也是柳宗元文学创作的高峰时期。在永州，他结合自己的遭遇、思想经历，先后写成了八篇山水游记，这些游记是柳宗元作品中最为脍炙人口的精华部分，被后人总称为"永州八记"，是柳宗元山水游记的代表作。"永州八记"是柳宗元散文中的精品，也是作者被贬时期对自然山水的一种审美体验的结晶。

唐永贞元年（805年）九月，他"携印而南适"，但是，还没过江，途中又被再贬为永州司马。柳宗元经松滋坐船，走荆江入澧水。一日，行至黄山脚下的箭河，天色已晚，他遂要船工泊舟南禅寺下。

入夜，颠簸一天的家人入睡了，柳宗元立在船头，面对夜幕中的黄山沉吟道："削壁一峰判两湖，黄山独秀湘鄂边。"黄山虽然不高，但山南北走向，呈带状，两边是水，别有一番情趣。寺庙在山的南端山腰里，柳宗元想起近来接二连三的打击，很想找一个人一吐心中郁闷。忽然，他看到离南禅寺不远处有一点微弱的灯光，柳宗元想起刘禹锡曾经对他说过澧州名士段弘古就在这里隐居，莫非就在此地。即使不是段弘古，也绝非等闲之辈，何不去看看呢？

柳宗元在书童的陪伴下，借着月光，走近民宅，听到有读书声，且声音越来越清楚："操行有常贤，仕宦无常遇。贤不贤，才也；遇不遇，时也。才高行洁，不可保以必尊贵；能薄操浊，不可保以必卑贱！"柳宗元呆了，他知道这是王充《论衡》中的名句，虽曾多次读过，但此时此地重听，好像就是为自己写的，内心不禁得到些许宽慰。读书人是谁呢？一定是位知音。

书童明白老爷的心思，上前敲门。门很快打开了，迎接柳宗元的是一位比他年龄稍长的儒士，身材颀长，瘦弱，但眉宇间不乏英俊之气。面对来客，他没有陌生之感，而是爽朗地笑道："柳司马，屈就寒舍，有失远迎啊！"

柳宗元非常吃惊，心想，我们从未谋面，他怎么认识我的呢？主人没等发问，接着解释说："野夫是段弘古，和刘禹锡是朋友，他有信来，说先生不日经此。得知先生夜泊箭河，本准备去拜访的，考虑先生一天劳顿，怕打搅你的休息，没去，没想到先生自己来了。"说罢，连忙让坐。柳宗元惊喜，这正是自己要拜访的人。坐下后，两人寒暄几句后，段弘古首先介绍自己的生活经历：他喜欢读书，儒家、兵家和纵横家的书他都读，并有收获。他想经世致用，但处处碰壁。他曾经用法家理论去拜见御史大夫何士干，很受器重。但很不幸，何士干不久辞世了。听说任襄阳节度使的于卓喜欢兵家理论，办事果断有魄力，段弘古前去拜见。两人谈得很投机，有相见恨晚的感觉。但不久，他发现于卓专横，并且有种种劣迹，不仅办不成大事，可能还会东窗事发连累自己，于是便毅然离开了。这件事传出去后，很多人认为段弘古孤傲不群，他也懒得解释，来到黄山别业，静心读书。

柳宗元听了段弘古的一席自我介绍，知道他报国之心未泯，他也毫无保留地讲了京城发生的事。讲了新登基的圣上对革新有误解，圣上英明，日后自会明白臣下们的良苦用心。天下兴亡，匹夫有责，他希望段先生再次出山，为国家效力。吕温是自己的朋友，虽然与自己同是革新派人物，但因为当时有事不在京城，没有受到牵连，段先生可以到衡州去求职。但段弘古说自己懒散惯了，是否出山还要想想。

两人促膝长谈，夜已很深，段弘古干脆邀柳宗元住下来了，书童则回船报告。

第二天，段弘古陪柳宗元游览黄山八景，到山顶参观忠济庙。当时对忠济庙所祭祀的谢公是谁已经有议论，但老百姓都说是谢晦。谢晦是南北朝刘裕的顾命大臣，因废昏立明而被诛。段弘古认为老百姓的议论有道理，柳宗元也有同感。谢晦连杀二主，是不得已而为之啊，否则文帝怎能当政呢。不过，文帝要巩固自己的政权，不杀谢晦不好向天下人交代。这就是政治，两人没有继续讨论这个问题，只是会心地笑了。

两人下山，来到南禅寺。住持和尚见是段处士带来的官人，知道定非等闲之辈，亲自迎接，知道来客是柳宗元更是惊喜不已。进到庙里，和尚请二人径直到方丈那里就坐。段弘古聊起几天前与和尚谈的支遁买山的话题，柳宗元听后不禁很有感慨。支遁是东晋名僧，身为佛徒，尤好老庄，与文人名士交游极广。晋哀帝继位后，礼聘支遁入京，支遁名声大噪。但是，他仍留念山林，三年后乞归东山。世人称此为"买山而归"。柳宗元联系自己的处境说："段公在黄山有别业，进退方便啊，而我，即使想归隐，没有地方好去，况且身不由己啊！"

接着，他们又聊起慧远公，聊起"浔阳三隐"。段弘古说陶渊明曾住江陵，妹妹、母亲曾在石首，知道流传在这一带的"武陵人射孕鹿"和"武陵人捕鱼"的故事，于是创作了《桃花源诗并记》。柳宗元觉得此说新鲜，有道理，他借题发挥，说陶渊明构想一个人人安居乐业、没有纷争算计的美丽世外桃源，本身就表明他用心良苦。段公满腹文章，朝廷需要啊，屈居一隅，是国家的损失。段弘古对柳宗元三番两次的劝慰，动心了，但他没有立即答应，只是笑笑。

小和尚不断给三人的茶碗续水，三人从中午一直谈到夕阳西坠。临走时，住持和尚没有忘记早已备下的纸笔，请柳宗元题写寺名。柳宗元欣然答应，只见他走近几案，操笔在手，龙飞凤舞般地写下"南禅寺"三个大字，庙里一直用此三字作匾额，遗憾的是这个珍贵的文物在"文革"中被毁。

柳宗元是段弘古晚年最好的朋友。段弘古按照柳宗元的意思，到衡州看望吕温，两人有诗文唱和。

在永州作《与李建书》中，柳宗元说："仆闷即出游……时到幽树好石，暂得一笑，已复不乐。"从中可以看出，虽然山水秀丽，但出游带给他的也不过是片刻的欢乐，在淡泊的山水之中，他还是忘不了遭贬的悲愤抑郁。

在柳宗元看来，地处偏远的永州，山水与自己颇为相似，所以他在作品中，总是选取奇异美丽却遭人忽视、为世所弃的自然山水作为描写对象，在描写景物的过程中，有时采用象征手法，借"弃地"来表现自己虽才华卓著却不为世用的悲剧命运。

如《小石城山记》中写道："这些山水'不列之中州，而列之夷狄，更千百年不得一售其伎'。"柳宗元正是通过对小石城山的被冷落深表惋惜，借以抒发贤才遭贬逐的同病相怜之感。

除了这些，他的作品中既着重再现丰富生动的自然美，又融注了作者的寂寥心境，其中典型的是《至小丘西小石潭记》：

从小丘西行百二十步，隔篁竹，闻水声，如鸣佩环，心乐之。代竹取道，下见小潭，水尤清冽。全石以为底，近岸，卷石底以出，为坻，为屿，为堪，为岩。青树翠蔓，蒙络摇缀，参差披拂。潭中鱼可百许头，皆若空游无所依。日光下澈，影布石上，怡然不动，俶尔远逝，往来翕忽，似与游者相乐。潭西南而望，斗折蛇行，明火可见，其岸势犬牙差互，不可知其源。坐潭上，四面竹树环合，寂寥无人，凄神寒骨，悄怆幽邃。以其境过清，不可久居，乃记之而去。

同游者：吴武陵、龚古，余弟宗玄。隶而从者，崔氏二小生：曰恕己、曰奉壹。

在文章开头，柳宗元运用移步换景的方法，逐步前进，引人入胜。未见小潭先闻水声，因闻水声而觅小潭。见到小潭之后，柳宗元先是写潭底岩石的形状，水中鱼的状态。再写"坐潭上，四面竹树环合，寂寥无人"的感觉，石潭周围，凄清异常，不仅是客观描写，更是作者的主观感受。这远离尘世的小石潭虽充满了生机，"闻水声，如鸣佩环"，但却无人赏识，四周被竹围抱，其幽清无闻与自己的遭遇相同，本是些一尘不染的小石潭，却被弃于这荒僻之地，又怎么能不像另一个被贬谪的自己呢？本欲寄情于山水，消解愁苦，却不料愁上添愁，凄清的环境使自己本已寂寞的心境更加凄苦。唉，这地方实在是不能久居，还是"记之而去"吧。通观全文，柳宗元未写一个"心"字，但字字都是心之所感。

在这些山水游记中，除了抒发心中的积郁和悲情之外，还展示了作者卓尔不群的人格之美，这方面的典型作品是《始得西山宴游记》：

　　自余为僇人，居是州，恒惴慄。其隙也，则施施而行，漫漫而游，日与其徒上高山，入深林，穷回溪，幽泉怪石，无远不到。到则披草而坐，倾壶而醉；醉则更相枕以卧，卧而梦，意有所极，梦亦同趣；觉而起，起而归。以为凡是州之山水有异态者，皆我有也，而未始知西山之怪特。

　　今年九月二十八日，固坐法华西亭，望西山，始指异之。遂命仆过湘江，缘染溪，斫榛莽，焚茅筏，穷山之高而止。攀援而登，箕踞而遨，则凡数州之土壤，皆在衽席之下。其高下之势，岈然洼然，若垤若穴，尺寸千里，攒蹙累积，莫得遁隐。萦青缭白，外与天际，四望如一。然后知是山之特出，不与培塿为类。悠悠乎与颢气俱，而莫得其涯；洋洋乎与造物者游，而不知其所穷。引觞满酌，颓然就醉，不知日之入。苍然暮色，自远而至，至无所见，而犹不欲归。心凝形释，与万化冥合，然后知吾之未始游，游于是乎始，故为之文以志。是岁，元和四年也。

　　文章开头即写自己不幸的遭遇和贬谪永州后"恒惴慄"郁闷痛苦的心情，因此，无论"幽泉怪石，无远不到"，还是"凡是州之山水有异态者，皆我有也"，都没有让他感到那些山水有什么"怪特"之处。本篇记叙了作者发现并宴游西山胜景的经过，托物言志，在美丽独特的自然山水中表现了高洁的人品。

大自然的山水，对于柳宗元来说，并不是一种冷漠的存在，而更像是亲切的知己。因此，他笔下的自然山水，便具有和他的性格相协调、相统一的美的特征：高洁、幽邃、澄鲜和凄清。这种自然美是通过对事物洞察幽微的细致刻画而表现出来的。柳宗元山水游记不仅思想性极高，而且其艺术成就与其深刻的思想相得益彰。其中的自然山水，无一不被作者赋予了鲜活的象征意义。

柳宗元善于观察，长于刻画，又带着怜物伤己之心，将弃于深山野岭中的景物，一山一水，一草一木，都写得生动形象。在《钴鉧潭西小丘记》中，他写潭边小丘的石头，"其嵚然相累而下者，若牛马之饮于溪；其冲然角列而上者，若熊罴之登于山"，运用比喻手法将山石写活了。

在《石涧记》中，他写小石涧"水平布其上，流若织文，响若操琴"，寥寥数语，就将小石涧的水的流势声音完全展现出来。

在《袁家渴记》中，他写林木，"每风自西山而下，振动大木，掩苒众草，纷红骇绿，蓊郁香气，冲涛旋濑，退贮溪谷，摇扬葳蕤，与时推移"，给人身临其境之感。

柳宗元不仅能把丰富生动的自然美逼真地再现出来，同时又能在客观的自然景物中融入自己的审美感受，使山水富有情韵，或表现自己不为世用的悲剧命运，或抒写自己的寂寥心境，或反映自己讲究操守的人格素质。因此柳宗元的山水游记是真正美的文学，是中国山水游记文学的典范之作。

柳宗元的山水游记在郦道元《水经注》的基础上，又有了进一步的提高，它不是对山水的纯客观描写，而是在描写中贯注了一股浓烈的寂寥心境，形成了以"永州八记"为代表的山水游记"凄神寒骨"之美的特色，达到了思想性与艺术性的高度统一，树起了当时散文创作的一座丰碑，是我国古代游记成熟的标志。

在"永州八记"当中，柳宗元用精练的语言，入微地描绘了所见到的自然景物，在精美的文句中显示了作者的人品，寄寓了作者的人格与情怀，柳宗元并将自己的所思所想渗透其中，文笔或峭拔峻洁，或清邃奇丽，既描绘了秀美的自然山水，使其各具特色，又在其中蕴含了作者的心情与政治遭遇。这些游记在中国文学史上具有独特地位，达到了思想与艺术的完美统一。

正如当代学者余秋雨所说："灾难也给了他一份宁静，使他有足够的时间与自然相晤，与自我对话，于是，他进入了最佳写作状态，中国文化拥有了'永州八记'和其他诗篇，华夏文学又一次凝聚出了高峰性的构建。"

第十五章　文采斐然

柳宗元除了有"永州八记"等古代山水游记名作外，还写过一百四十余首诗。

唐代的诗坛自然是名家辈出、百花争艳，柳宗元虽是存诗较少的一个诗人，但他的作品中却多有传世之作。柳宗元的创作，是在自己独特的生活经历和思想感受的基础上，借鉴前人的艺术经验，发挥自己的创作才华，创造出一种独特的艺术风格，成为代表当时一个流派的杰出诗人。苏轼曾经如此评价他："所贵乎枯淡者，谓其外枯而中膏，似淡而实美，渊明、子厚之流是也。"

现存柳宗元的诗，不论何种体裁，都写得精工密致，韵味深长，在简淡的格调中表现极其沉厚的感情，呈现一种独特的面貌。他的诗歌和散文，绝大部分都是贬官永州以后的作品，题材广泛、体裁多样。他的叙事诗文笔质朴，描写生动；寓言诗形象鲜明，寓意深刻；抒情诗更善于用清新峻爽的文笔，委婉曲折地抒写自己的心情。

宋人严羽说"唐人惟子厚深得骚学"，这句话说得相当客观。柳宗元的辞赋继承和发扬了屈原辞赋的传统，他的辞赋不仅利用了传统的形式，而且继承了屈原的精神。这或者是因为两人虽隔千载，但无论是思想、遭遇，还是志向、品格，都有相通之处。

柳宗元的散文与韩愈齐名，韩、柳二人与宋代的欧阳修、苏轼、曾巩、王安石等人并称为"唐宋八大家"，堪称我国历史上最杰出的散文家。

唐中叶，柳宗元和韩愈在文坛上发起和领导了一场古文运动。古文运动是唐宋时期的文学革新运动，其内容主要是复兴儒学，其形式就是反对骈文，提倡古文。所谓"古文"，是对骈文而言的。先秦和汉朝的散文，特点是质朴自由，以散行单句为主，不受格式拘束，有利于反映现实生活、表达思想。自南北朝以来，文坛上盛行骈文，流于对偶、声律、典故、词藻等形式，华而不实，不适于用。唐朝初期文坛，骈文仍占主要地位。唐玄宗天宝年间至中唐前期，萧颖士、李华、独孤及、梁肃等先后提出宗经明道的主张，并用散体作文，成为古文运动的先驱。韩愈、柳宗元则进一步提出了一套完整的古文理论，并写出了相当数量的优秀古文作品，当时有一批学生或追随者热烈响应，终于在文坛上形成了颇有声势的古文运动，把散文的发展推向了一个新

的阶段。

在古文运动中，他们提出了一系列思想理论和文学主张，在文章内容上，他们针对骈文不重内容、空洞无物的弊病，提出"文道合一"、"以文明道"要求。要求文章反映现实、"不平则鸣"，富于革除时弊的批判精神。在文章形式上，他们提出要革新文体，突破骈文束缚，句式长短不拘，并要求语言"务去陈言"、"辞必己出"。此外，还指出先"立行"再"立言"，这是一种进步的文学主张。由韩、柳推动的古文运动，可说是中国散文发展史上一座重要的里程碑。

韩、柳二人在创作实践中也身体力行，创作了许多内容丰富、技巧纯熟、语言精练生动的优秀散文。

除了诗歌和散文之外，柳宗元还写了不少寓言故事，这在以往的诗文大家中是比较少见的。他以曲折隐晦的方式表达自己的政治主张，反映现实黑暗的政治现状。他的《三戒》、《骂尸虫文》、《憎王孙文》都从不同程度抨击了统治者的贪婪、狠毒、卑劣和虚伪。《辨伏神文》、《哀溺文》对当时的虚伪、自私的风气进行了抨击。《永某氏之鼠》活画出群鼠猖獗横行的形象。在《牛赋》中通过描写牛与驴两个对立的形象，反映了柳宗元的人生理想和对现实的激愤。柳宗元的寓言故事结构和情节，复杂而清晰，如《黔之驴》就反映了老虎对驴的认识过程，层次分明，故事曲折。《黔之驴》也已成为古代寓言名篇，"黔驴技穷"已成成语，几乎人尽皆知。

柳宗元的寓言故事语言简洁而生动，意尽言止，不拖泥带水，他在寓言创作上的成就，是对中国文学史的卓越贡献，给后人留下了一笔宝贵的文化财富。

第十六章　交以为师

　　柳宗元认为，天下万物的生长都有自身的发展规律，"顺木之天，以致其性"，必须顺应自然规律，否则不仅徒劳无益，还会造成损害。柳宗元认为，育人和种树一样，同样要顺应发展规律，而不能凭着主观愿望和情感肆意干预和灌输。

　　柳宗元非常赞赏韩愈的《师说》，也钦佩韩愈不顾流俗、勇于为师的精神，对当时社会上层士大夫"耻于相师"的风气感到痛心。他说："举世不师，故道益离。"但是，在师道观上，柳宗元又有自己的见解和实施方式。他写下了《师友箴》、《答韦中立论师道书》、《答严厚舆秀才论为师道书》等文章，阐述了自己的师道观，其核心观点就是"交以为师"。

　　《答韦中立论师道书》写于元和八年（813年），是作者被贬永州期间给韦中立写的一封回信。

　　韦中立是潭州刺史韦彪之孙，元和十四年（819年）进士。未中进士时，曾写信要求拜柳宗元为师，并不辞道远，从长安到永州去拜访求教。后来，柳宗元不断地对他进行帮助。在这封回信中，柳宗元主要谈了两个问题，一个是论师道，一个是论写作。它是柳宗元文学理论的代表作，在我国文学理论发展史上占有重要的地位。

柳宗元是唐代古文运动的倡导者和实践者。他为了开展古文运动，培育出一批新生力量，因此提倡师道。虽然他反复申说自己"不敢为人师"，唯恐"炫怪于群目"，"召闹取怒"，但他不仅在散文的创作上给古文运动做出了巨大的贡献，而且在实际上，他也为古文运动培养了一批新的作者，造就了一代人才。

柳宗元提倡"文以明道"，实际上就是要求写文章应宣传某种思想或主张，要求文学为现实服务，为改革社会服务。他认为作品思想内容必须通过辞藻形式来表达，而辞藻形式必须为思想内容服务。因此，他不仅以"道"指导创作，以"道"指导为文，"文以明道"，而且用它去改造人，改造社会，进行革新，以图实现自己的政治理想。所以，当他贬谪永州以后，创作就更具有强烈的现实主义精神。

这封信在写作上，体现了其说理之作的严谨性，批判时政尖锐有力的特点。为了说明拒绝"欲相师"的理由，他首先说"仆道不笃，业甚浅近"，"未见可师者"，言自身条件很差，够不上资格当老师。

我们仔细一想，这不过是文章大家的谦虚之辞，说说客气话罢了，并不是他拒绝"欲相师"的真正原因，所以只简略几笔带过。真正的原因是他"不敢为人师"，因此对这一点他反复加以申述，进行强调，从师道之衰的历史谈到目前的情况，而后者又是重点，故说得十分详细。先举韩愈"抗颜而为师"受到嘲笑打击为鉴；然后以蜀犬吠日、越犬吠雪为喻，说明自己不敢"炫怪于群目，以召闹取怒"去为人师；接着联系艰难的处境，平时不为人师，都要意外遭人口舌，如今一旦为人师，则会招来更多的攻击；继而又以孙子行冠礼而为外人所笑为例，说明凡"独为所不为"都要遭到非难嘲笑。这样，就从历史根源、现实情况、社会风气、自己的处境诸方面，把自己"不敢为人师"的原因和道理，说得非常清楚明白，充分透彻。

但是，柳宗元既要提倡师道，又"不敢为人师"，不是很矛盾吗？怎样解决呢？他的办法是，采取老师之实，不必讲求师之名，这样一来，既可以免遭嘲笑攻击，又能达到行师道的目的。在阐说道理的过程中，对反对师道的人，不论从形式和用词上，都无不透出批判的锋芒，把他们比作蜀犬吠日、越犬吠雪的狗，他们的群怪聚骂，如"越蜀吠怪"，冷嘲热讽，尖酸辛辣，表现出了其批判的尖锐性和力量性。

柳宗元充分肯定老师的作用，他认为无师便无以明道，要"明道"必从师，但是，对韩愈不顾世俗嘲骂而"抗颜为师"的做法，他表示自己没有勇气这样做，但他又不是完全放弃为师，而是去为师之名，行为师之实。柳宗元谢绝的是结成正式师生关系的名分，不敢受拜师之礼。但对来向他请教问道者，他无不尽其所知给予解答，诚恳地指导后学者，确有为师之实。

他提出"交以为师"的主张，即师生之间应和朋友之间一样，相互交流、切磋、帮助，在学术研讨上是平等的，而不是单纯的教导与被教导的关系，柳宗元的"师友"说是传统师道观中有很大影响的一种学说。以下为柳宗元所写的《师友箴》一文：

今之世，为人师者众笑之。举世不师，故道益离；为人友者，不以道而利，举世无友，故道益弃。呜呼！生于是病矣，歌以为箴。既以儆己，又以诚人。

不师如之何？吾何以成！不友如之何？吾何以增！吾欲从师，可从者谁？借有可从，举世笑之。吾欲取友，谁可取者？借有可取，中道或舍。仲尼不生，牙（指鲍叔牙）也久死。二人可作，惧吾不似。中（同"忠"，忠诚之人）焉可师，耻焉可友，谨是二物，用惕尔后。道苟在焉，佣丐为偶；道之反是，公侯以走。内考诸古，外考诸物，师乎友乎，敬尔无忽！

第十七章　清廉务实

　　柳宗元在被贬永州十年之后，命运再起波澜，先是被召回京，接着被贬到更为遥远的柳州，让他深切体会到什么叫坐过山车的感觉。

　　这天，柳宗元正在府内操劳，忽然接到圣旨，命他火速回京。此道圣旨无异于久旱逢甘霖，让柳宗元老泪纵横，在永州十年里，柳宗元可说是做梦都想着圣旨降临，宣其回朝，可早上梦醒，只留一床嗟叹，这下好了，终于等到了奉旨回京的这一天。

　　关于朝廷为何突然让其回京，史书没有记载，也许是朝中有人推举，也许是其他被贬司马都已得到召回，也许是李纯与柳宗元并没有什么过节，觉得柳宗元被贬时间太长了，心生怜悯。

　　总之，现在可以回朝了，柳宗元自是欣喜异常，赶紧收拾行当，一刻也不愿多待。当天晚上，柳宗元彻夜难眠，百感交集。他想到后半生终于可以能重回朝廷再展鸿图，为国家多做点工作了，也算是皇天开眼，能够让其了凤愿。

柳宗元奉旨回京的消息一传开，永州百姓依依不舍，但大家都理解，觉得他能够重回朝廷，应是一件大好事，于是大家都没作挽留。

柳宗元离开永州城，乘船经过汨罗江。他眼前是连绵的山峰，浩渺的洞庭湖，奔流的湘江水，这一切正是屈原诗歌中描绘的景色。他触景生情，想起屈原遭到陷害，报国无门自沉汨罗江的惨景，庆幸自己能重回京城，于是兴奋地挥笔写下《诏追赴都二月至灞亭上》，诗云：

十一年前南渡客，四千里外北归人。

诏书许逐阳和至，驿路开花处处新。

诗中透出一股欢愉意境，很好地衬托了柳宗元欢快的心情。然而，此时朝中政令瞬息万变，柳宗元刚回到京城，与他一道奉诏回来的还有刘禹锡等人，正当他们幻想受朝廷重用，大展才华时，可宦官们又在李纯皇帝面前吹风，怕革新党卷土重来，混淆视听，建议继续贬放，于是李纯听信谗言又改变主意，下诏书派遣柳宗元去柳州任刺史，刘禹锡任播州刺史。他们二月到长安，三月便宣布改贬。尽管由司马升为刺史，官职高一级，但所贬之地与原来相比更偏远、更艰苦了。其中柳州距京城长安，比永州距京城更远，更为落后荒凉，居民多为少数民族，生活极端贫困，风俗习惯更与中原大不相同。

此道命令如晴天霹雳，将柳宗元炸得里嫩外焦，人到中年的柳宗元何尝不知，一旦再遭贬意味着什么，一生无法再回长安故土不说，也许从此将死无葬身之地了。可皇命难违，而由于自己久呆永州，京城没有一个能说得上话的人，柳宗元只能眼含悲愤，在京城还没将板凳坐热，就得离别而去，徒留一地悲伤。

得知刘禹锡被贬谪到播州，柳宗元知道播州是个荒蛮偏远之地，条件极为艰苦，于是他上书给皇帝说："播州条件恶劣，不是人所能住的地方，而刘禹锡尚有老母亲在世，需要他供养，我实在不再忍心让他忍受这样的困顿，因而，我恳请陛下批准让我和他交换，我去播州，他去柳州。"

这种患难真情感动了朝中许多大臣，于是有人站出来为刘禹锡求情。后来皇上虽然没有批准柳宗元的奏请，但最终还是对刘禹锡网开一面，让他改去条件稍好点的连州上任。

五月中旬，柳宗元怀着凄惨的心情，带着无限的惆怅与刘禹锡等人离开京城，一路风尘来到衡阳。明天就要分开走了，柳宗元更加忧愁悲凉，于是情不自禁地轻声吟道：

二十年来万事同，今朝歧路忽东西。
皇恩若许归田去，晚岁当为邻舍翁。

刘禹锡与柳宗元有很多共同之处。在政治上，两人一起参与永贞革新，并肩战斗。在创作上，两人诗文俱佳，相互唱和。甚至在生活经历上，两人也有不少相似之处。他们一起进京应试，同榜登进士第。接下来，同朝为官，一起共事。后又因革新失败双双一贬再贬。

共同的志向，共同的趣味，共同遭遇，使他们结下了深厚的友谊。他们不仅在顺境时相互支持，相互砥砺。在沦落天涯、生死未卜的逆境当中，两人的真挚友谊更加坚固，他们的友谊，成就了一段文坛佳话。

永贞革新失败后，刘、柳二人同时遭贬，一人贬官朗州，一人贬官永州。空间的距离并没有冲淡他们的友谊，他们之间不断地诗文往来，互相促进。期间，柳宗元和身居要职的好友韩愈之间曾展开一场哲学论战，柳宗元作《天说》陈述自己的观点，刘禹锡作《天论》三篇对柳宗元进行策应和声援。刘禹锡的散文成就受到柳宗元的重视，柳宗元的童话和寓言创作，同样被刘禹锡所推重。在患难的岁月里，他们相互鼓舞，相互支撑，成为双方活下来的勇气之一。

十年后，他们总算结束贬官生涯聚会长安，他们以为此次总算苦尽甘来，既可得到皇上重用，又能相互在一起切磋文章，为此刘禹锡在《阙下口号呈柳仪曹》中不禁感叹："铜壶漏水何时歇，如此相催即老翁。"

然而，十年的分别只换来短暂的相聚。很快，他们又双双被贬，而且离长安的距离更遥远，条件也更艰苦。

此情此景，刘禹锡也是泪洒滂沱，他的心境与柳宗元一样，但时局如此，唯能接受生离死别，他眼里含着泪水动情地说："你也要多多保重，常来书信！"柳宗元愁肠寸断，强忍住泪水送他出店门，拱手话别。

柳宗元坐马车到桂林，然后乘船沿着白石河南下。六月初，他来到柳州，地方官员和乡绅在码头恭候迎接，一直送他到州府衙门。

柳州这个地方历史悠久，先秦时期属于百越之地，有西瓯越、南越等百越分支。柳州的蛮王城遗址处于父系氏族公社时期，距今约四千年。

公元前219年，秦始皇命屠睢为统帅，发兵五十万，开始进行长期的秦攻百越之战，屠睢与译吁宋、桀骏率领的西瓯军遭遇，第一次战争付出惨重代价，屠睢身亡。

灵渠修通后，秦始皇发动第二次战争，于公元前214年最终攻入岭南，之后柳州隶属秦桂林郡，但秦政权对地方控制力并不强。秦朝灭亡后，该地区成为原秦将领及越人建立的南越国的一部分，南越国对这里的统治持续了近百年时间。

汉武帝时，路博德率军进行了平南越之战（公元前112年），元鼎六年（公元前111年）冬，灭南越国。

南越国被灭后，该地改秦时的"桂林郡"为"郁林郡"，管理上主要由当地人管辖，土司制度一直延续到明清"改土归流"时期。

三国时，孙吴凤凰三年（274年）从郁林郡分出桂林郡，潭中县属桂林郡。后来，红水河流域和今龙江、融江两江流域——现在的柳州地区和河池地区的桂西北，完全没有封建王朝的地方行政建制。

太康三年（282年），潭中县从县治所升为桂林郡治所。

南朝齐（479—502年）时，从潭中县辖地分置齐熙郡。

开皇十一年（591年），潭中县改为桂林县，后又改为马平县。

大业元年（605年），马平县属桂林郡。大业三年（607

年），属始安郡。

唐武德四年（621年），马平县为昆州治所，后昆州又改为南昆州，属岭南道；唐天宝元年（742年），改名为龙城郡。乾元元年（758年），龙城郡复名柳州，并沿用至今。

唐太宗时期，开通了桂州经柳州到邕州的买马路，据《元和郡县志》记载：桂州至柳州五百三十里，柳州至严州（来宾县）二百里，严州至宾州一百九十里，宾州至邕州（南宁）二百四十五里。

武则天时期，又开辟了桂柳运河，沟通湘江经漓江、洛清江到柳州的水路，柳江上游的龙江以及融江地区之间的大量木材沿江而下，汇集于柳州，水路码头给柳州的经济带来了空前的繁荣。

大中祥符年间（1008—1016年），皇室修玉清、昭应等道观，列举所用各地木材八种，其中就有柳州杉木。柳州木制品从此闻名于世，成为后来柳州棺材的上等用料。相关谚语有"穿在苏州，玩在杭州，吃在广州，死在柳州"等。

当时的柳州，沿袭着一种南越时期的风俗："以男女质钱，约不时赎，子本相侔，则沦为奴婢。"这种做法使得穷人家骨肉离散。

柳宗元初来这里，言语不通，一切都不适，但他还是决心利用刺史的有限权力，在这个局部地区继续实行改革，为当地民众做些好事。

柳宗元来到柳州之后，首先发布政令，"革其乡法"，政令中制定了一套释放奴婢的办法，规定已经沦为奴婢的人，在为债主服役期间，都可以按劳动时间折算工钱。工钱抵完债后立即恢复人身自由，得以与亲人团聚。

这一政令使得那些已经沦为奴婢的人仍有机会出钱赎回自由身，此项政令深得民心，受到了当地贫困百姓的欢迎。后来，柳宗元始创的该项政令因深受百姓的拥护，因此被推行到柳州以外的州县。

来到柳州上任后，柳宗元不仅仅满足于解救贫困家庭子女沦为奴婢的困境，同时更致力于改变陈旧的思想观念和思维方式。

为了移风易俗，开启民智，柳宗元还亲自创办学堂，采取各种方法鼓励当地的蒙童读书，借以从根本上提高当地的民众素质。

在政事之余，柳宗元还耐心接受青年学子的拜访，对他们循循善诱。针对当地百姓迷信落后的习俗，柳宗元严令禁止江湖巫医骗钱害人，同时推广医学，培养出当地的医生为民众服务。

在当时的柳州，人们怕惊扰地下的神明，所以不敢打井，世世代代靠天吃饭，靠喝雨水和河水生活，一旦遇到干旱的天气，柳州人就面临着无水可用的困境。

传说柳宗元到柳州以前，柳州找不到一口可以使用的水井，千户人家，万余人口，吃水用水都背负着小口大肚子的罂瓶，极其艰难地沿着狭窄的崖路上下往返到柳江边汲水。如果天旱水浅，到江边的距离就更远了；而到了雨季，路险泥滑，汲水更加危险，稍有不慎，脚下一滑，汲水的人就会从陡坡上翻滚下去，轻者跌断手足，重者还会送命。

柳宗元到柳州后，体察民情，决定凿井供居民饮用。他命令部下蒋晏率领数十名军士，在城北开凿第一口水井。经过一段时间不分昼夜紧张的施工，一直凿到六十六尺深，才打出井水来。这时，柳州城里的百姓，都扶老携幼跑来观看这一奇迹。

在这些百姓当中有活到七八十岁还没见过井的，当他们喝到清冽的井水时，都不禁高兴得欢呼雀跃起来。柳宗元凿井之前，也曾有人试挖，但都崩塌，说是伤了"龙脉"，破坏"风水"，因此，都不敢继续开凿。柳宗元不信"讹言"，投入大量人力物力，终于凿井获得成功，做了一件流传千古的利民大好事。

从此柳州的百姓喝上了干净、甘甜的地下水，这不能不说是柳州人民的一件大事，饮水方式的改变使他们的生活方式也随之发生了改变，从而带动了人们思维方式的更新。

除凿井外，柳宗元还当起了医生，被当地人亲切地称为柳医生。

原来柳州此时尚未开化，当地人迷信思想严重，家里人得病时往往不去医治，而是请巫师来用鸡骨占卜。巫师用一根竹签插进一只公鸡的胫骨，然后按插签的正反方向来判断病人的凶吉。竹签插得正直或附于胫骨旁的视为吉利，若插得远离胫骨则视为凶煞了。定为凶煞的主人家要杀鸡来祭祀以求神灵保佑，若病情不见好转，就要宰猪牛羊一类的牲口来奉招神灵。若仍不见好转，则认为是神灵不肯保佑，那病人只好向亲友告别，交代后事，然后用白布盖上不吃也不喝，人们只好眼睁睁地看着他死去了。

柳宗元没想到时代进化如此，还有此等迷信思想，他决定教化民众，除学校教化外，关键是要通过医术医理救治病人，如果病人治好了，眼见为实之下，则一切问题就迎刃而解了。

当地此时正流行霍乱传染病，死伤无数，许多家绝户，当

地人认为这是神灵施法，不愿主动救治，坐着等死。柳宗元想起在永州也有这种病，当地人用一大匙盐煎黄，加童子尿一碗煮开后趁热服下，一天三次连服三天即可治愈。他立刻抄录几份让差役骑马送往各户患病之家，好心劝说一些人服用。果然，服下此药后，许多人病都好了，于是当地人争着服用救命"童子尿"，柳宗元救了无数柳州人。

因柳州天气炎热潮湿，当地人常患脚病，柳宗元根据医术之理，发明了一种中成药，将其涂于患处，药效奇好，三天即痊愈，此药医治病人无数。

有感于柳宗元的救死扶伤，当地百姓都亲切地称他为柳医生。

柳宗元是一个心怀百姓的父母官，他知道，只要有了足够的土地，才能生产出足够的粮食和蔬菜，才能从根本上改变当地百姓饥饿和贫穷的现状。

当时柳州城外有大片大片的荒地，柳宗元以父母官的身份号召乡间的闲散劳力开荒垦地种菜、种粮，鼓励发展生产。

在柳宗元的不懈努力下，柳州可耕种土地面积大增，极大地改善了当地人民的生活。柳宗元还重视植树造林，亲自参加植树活动，还整治街巷，修筑庙宇，并以一个山水游记作家的视角，发掘出了柳州不少的自然景观。

柳宗元在柳州度过了余生的最后四年，也许是知道回京无望，因此他在柳州任上一直是兢兢业业，鞠躬尽瘁，希望能用自己的敬业和才华，能为当地百姓做点好事。柳宗元在柳州的四年，从他个人的角度来说，是他政治生涯中令人叹息的结尾，但作为柳州历史上名垂青史的好官，他付出的精力和做出的贡献，却是令人怀念，不能遗忘的。柳宗元就像一根风中的残烛，顽强地燃烧自己，尽其所有的光芒，照亮了一方荒芜。而柳州人民也没有忘记他，不但为他修了柳侯祠，每年清明节，还有许多人到柳侯祠及柳侯墓祭拜柳宗元。

第十八章　郁郁寡欢

　　柳宗元虽然在柳州为当地百姓做了很多好事，但他的身份仍然是一个被权力中心——朝廷抛弃的人。"长为孤囚，不能自明"，这是柳宗元在《与顾十郎书》里面的一句话。

　　当年向柳宗元求利求官而不得者，借"八司马"遭贬之机，蓄意煽惑，诽谤诋毁，他们和宦官们一起，指责、攻击革新派。一时间谤言四起，以至多年以后，他们还追着柳宗元等人不肯放手。无罪遭谤，使柳宗元的精神压抑，百病缠身。

　　除了人祸之外还有火灾，当时永州经常遭受火灾，在五年当中，柳宗元遭遇到四次大火。人虽光着脚跑出来了，可他住的房子却墙倒窗毁，书籍散乱毁裂，不知所往。

　　火灾使得人无处安身，一些老弱者被大火烧死了，因为恐惧火灾，早晨人们不敢烧火煮饭，夜里不敢点灯，人都坐在屋顶上左右环视，彻夜不能安歇。

　　说到火灾，柳宗元曾写有一文《逐毕方文》，毕方，是传说中的怪鸟，《山海经》说："（章莪之山）有鸟焉，其状如鹤，一足，赤文青质而白喙，名曰毕方。"毕方是火神，常衔火在人家屋里作怪引灾。

柳宗元在给亲友的信里说："罪谤交织，群疑当道，诚可怪而畏也"，"残骸余魂，百病所集，痞结伏积，不食自饱"。

这里说的痞结，是一种腹中结块的病症。犯病时，忽冷忽热，水火互至，肌骨一点点被消蚀掉了。加上遭遇火灾、丧母等一系列大变故，恶劣的贬放生活使柳宗元疾病缠身，气虚体弱，痛苦的精神折磨让他"人事百不记一"，整日除了忧惧，就是疲惫地昏睡。

开始时一二十日发病，后来一月发病三四次。由于服药太过，伤了中气，走路膝颤，坐时肢体疼痛或麻木。一遇北风晨起，寒气中体，人就发烧畏寒，头发脱落稀疏，猛然注视，怪异的样子让人害怕，一点也不像个长安人，这个时候的他，已经跟当地蛮夷人一样了。

囚徒一样的生活，已经非常难以忍受了，最让柳宗元痛不欲生的，是他在荒蛮中无婚配子嗣，每想起这件事柳宗元就"摧心伤骨，若受锋刃"。

柳宗元想做一个老百姓，耕田织麻，娶农家女为妻，生男育女。柳宗元在永州写有《觉衰》诗："齿疏发就种，奔走力不任……出门呼所亲，扶杖登西林。"不到四十岁，就像一个衰竭的老翁一样。

后来再贬到柳州，情况比永州更为险恶，当时的柳州，野葛蔽日，树上挂满了像葡萄一样的毒蛇，柳宗元刚来时社会治安不好，强盗缚壮杀老，惨叫声整夜嚎哭不断。

柳宗元在柳州虽然是刺史，是一个有实权的地方官，但他仍是贬吏，压抑的心情始终挥之不去，抑郁的心情使他病得像箭杆一样瘦。

柳宗元在离开永州时，曾有诗寄给为他饯行的亲友说：

无限居人送独醒，可怜寂寞到长亭。

荆州不遇高阳侣，一夜春寒满下庭。

读这首诗，会让人百感交集。柳宗元与屈原有着相似的人生经历，在昏聩的社会里，他们都为觅不到知音而感到痛苦和孤独。屈原被逼得投了汨罗江，而柳宗元却在顽强地忍受着命运的摧残，人一点一点地被折磨得快要耗尽生命的能量了，可他至死也不低头，"今不得志，著书传后"，这是柳宗元给自己的人生规划，他在感叹人生短暂的同时，已经对复出为官彻底绝望了。

在给许孟容的信里，柳宗元这样说，自己早年就"唯以中正信义为志，以尧、舜、孔子之道，利安元为务"，他说自己的本意就是这样，不会因遭遇厄运就改变自己的初衷。柳宗元通晓历史，他说："贤者不得志于今，必取贵于后，古之著书者皆是也。"自古贤人才士因坚持志向，遵守本分，被谤议不能自明者，有数以百计。他也想这样做，但每一次拿起笔来想写点东西，就因"神志荒耗，前后遗忘，不能成章"。

他每次读古人的书传，只看了数页，就看不下去了，等再翻看时连名字都忘掉了。他拖着病体，坚持读"经史诸子数百卷"，常常是惊悸稍定就伏案苦读，从中得见圣人用心和贤士君子的思想，久而著书数十篇。后来，柳宗元总结说："自贬官来无事，读百家书，上下驰骋。"通晓了作文的利弊，从而成就了他的文学成就。

柳宗元曾对李建说：贫穷是读书人的常态，我现在虽瘦弱而气力不足，但能坚守此道，也感到像吃糖一样甜。

在柳宗元被贬到永州之前，柳宗元所敬重并影响他一生的好友陆质病死了；转年，贬在远州的王叔文也被赐死了；王伾病死在开州；韦执谊是最晚被贬出京城的，两年后，他也郁闷地死在了崖州。

来永州不久，柳宗元又遭丧母之痛。元和五年（810年），随行的女儿又病死了。元和三年（808年），"八司马"之一的凌准在连州病死，元和六年（811年），柳宗元的好友吕温死于衡州……

在永州，柳宗元的两个姐夫及众外甥也都相继死去了。后来当他来到柳州任刺史的时候，几乎是孤家寡人，身边的亲友几乎丧亡殆尽。

柳宗元的堂弟柳宗直，在他遭贬时一直陪侍在身边。柳宗元再贬柳州时，他也跟着来到了柳州，可没想到，他来柳州刚刚二十天，就因水土不服，染病死去，年仅三十三岁。

堂弟的死，对柳宗元的打击非常大，因为柳宗直差不多是他唯一的亲人，因此，他慨叹自己只能老死在柳州了。

就在这个时候，当年相继遭贬的"八司马"也都陆续得到了升迁，只剩下柳宗元一人还孤苦伶仃地留在贬地，痛苦地挨着日子。施子瑜在《柳宗元年谱》说：柳宗元在死前一二年，"心绪绝劣，则自知不寿"。

元和十三年（818年），与柳宗元交好的吕夷简升为御史大夫，进门下侍郎同中书门下平章事，也就是做了宰相，为此，柳宗元专门给他写信，乞请援引。柳宗元在书信中说："日号而望者十四年矣"，"仰望于道，号以求出"，他用词卑屈迫切，看得出，柳宗元至死也没有放弃想复出，想做一番事业的念头。可吕夷简在相位不过三个月，此事自然也就没了后音。

十四年贬放，一直到病死……这是柳宗元最痛苦难耐的人生经历，可是这段不幸的人生经历却奇迹般地成就了柳宗元的文学创作，使他成为那个时代，以至于后来都无人能望其项背的一代大家。柳宗元是有唐以来的一代大儒，他的思想光耀千古，他的文章同屈原的《楚辞》和司马迁的《史记》一样，永存史册。

第十九章　临终托孤

　　柳宗元非常重视亲情，一生都与亲戚有着密切的交往。

　　元和十四年（819 年），在柳宗元死前，他的几个外甥都已经丧亡殆尽，他写的祭文和墓志铭都收入了《柳河东全集》，这种伴着血泪的文字，让人不忍卒读。

　　柳宗元在《又祭崔简旅榇归上都文》说："君死而还，我生而留。"他又在《祭外甥崔骈文》里说："我自得罪，无望还都。"这是一种多么凄苦的心境啊。乾隆在《御选唐宋文醇》中说：这是"乐死而哀生"。

　　元和十四年（819 年）十月五日，柳宗元在贬所柳州英年早逝，年仅四十六岁。柳宗元死时，留有两子两女，长子周六，次子周七，女无名。

　　他在重病中，给刘禹锡、韩愈等好友写信，称有两件他放心不下的事，一是托孤，请求好友照顾他的子女，第二件事，是把他生前写的全部文章和诗篇都交给刘禹锡，请他代编成册。刘禹锡没有辜负好友的嘱托，他把柳宗元诗文编纂成集，还在集前写了序言。

　　柳宗元在临死之前，在给刘禹锡的信中说："我不幸卒以谪死，以遗草累故人。"可见，他对死在贬谪地是愤愤不平的。

当刘禹锡接到好友病死的讣告后，"惊号大叫，如得狂病。良久问故，百哀攻中，涕泪并落，魂魄震越"。

韩愈也为柳宗元打抱不平："既退，又无相知有气力得位者推挽，故卒死于穷裔，才不为世用，道不行于时也。"他还写道，如果柳宗元早年能像他后来当司马、刺史时那样老成一些，也许他就不会离开长安；贬斥以后，如果有人能拉他一把，也许他就不会沦落至此；然而，如果他不是这样绝望无助到极处，也许文章就不会像现在这样"必传于后"。

柳宗元一生穷困潦倒，死时无钱归葬，是他的上司裴行立出钱，由其表弟卢遵把他灵柩送回长安的。

柳宗元表弟卢遵，性谨慎，学文不厌。柳宗元遭贬之后，他一直随侍在身边，至死不去。柳宗元对亲戚友善，众亲戚也对柳宗元非常敬重，这种亲情，在历史上也是非常让人敬佩和羡慕的。

柳宗元死后，柳州人民为了纪念柳宗元，特地用了一口由上等的雪松木制成的棺材来装殓柳宗元的遗体，将他的遗体运到西安后，遗体居然完好无损。

柳宗元死后第三年，柳州当地的百姓在罗池建庙，来纪念这位有德于民的刺史。韩愈应柳宗元的部将魏忠、欧阳翼的请求，为新修的柳侯庙撰写了《柳州罗池庙碑》一文，碑文记述了柳宗元去世过程，颇有传奇色彩。比如记述了柳宗元与部将饮酒时的一段对话，柳宗元说："吾弃于时，而寄于此，与若等好。明年，吾将死，死而为神，后三年，为庙祀我。"仿佛他已经对自己的死有了预见，结果如期去世。

三年后，孟秋辛卯的那一天，柳宗元降临到柳州的后堂，欧阳翼等人都亲眼所见，纷纷叩拜。当天夜里，他又托梦给欧阳翼说："为我在罗池建庙。"

庙建成后举行大祭，来客李仪喝醉了酒，在堂上举止轻浮，便忽然得了疾病，出庙门之后就不明不白地死了。"死而为神"是柳宗元的原话，还是部将的杜撰，后人已经不得而知。

但是，我们相信，作为史官的韩愈是据实记载的。他对柳宗元在柳州任刺史的政绩作了充分的肯定和颂扬，也反映了柳州百姓对刺史柳宗元的爱戴之情，至于柳宗元"死而为神"的神话，也许是当地百姓对刺史大人的一片爱戴之情吧。

直到现在，柳州还流传有"柳侯为神，显而有征"的民谣。而永州也在愚溪旁建柳子庙，塑柳子像，敬他为"柳子菩萨"。这充分说明柳州、永州等地百姓对柳宗元的敬仰和怀念，希望为民造福的柳宗元死后也能化作神灵来保佑他们。

所以，韩愈是相信确有其事的，他写道："余谓柳侯生能泽其民，死能惊动福祸之，以食其土，可为灵也已。作《迎享送神诗》遗柳民，俾歌以祀焉，而并刻之。"

自从柳宗元死后，他在民间传说演变成了神，但他的子孙却没有再出名人，在以后的史书当中，再也找不到柳氏子孙的只言片语。

第二十章　光耀后世

　　柳宗元敢于革新，以毕生之力推崇古文运动。在他的哲学论著中，对汉代大儒董仲舒鼓吹的"夏商周三代受命之符"的说法持否定态度。他反对天命论，批判神学，强调人事，主张用"人"来代替"神"；另外，他还把对神学的批判变成对政治的批判，用唯物主义观点解说"天人之际"即天和人的关系，对"唯心主义天命论"进行了批判。

　　他的哲学思想是同当时社会生产力的发展、自然科学所达到的水平相适应的，他把古代朴素唯物主义无神论思想发展到了一个新的高度，是中唐时代杰出的思想家。柳宗元的哲学论著有《非国语》、《时令论》、《断刑论》、《天说》、《天对》等，柳宗元所写的一些关于社会政治的论著，是他的政治思想的具体反映，是他参与政治斗争的一种手段。柳宗元认为，整个社会历史是一个自然发展的过程，有其不以人们的意志为转移的客观发展的必然趋势。

　　柳宗元一生好佛，他曾说："吾自幼好佛，求其道，积三十年。"这三十年大致可分为幼时的盲目、为政时期的附会和贬官后的自觉三个阶段。

柳宗元认为"佛之道，大而多容，凡有志于物外而耻制于世者，则思入焉"。这正是他改革失败后被贬永州的真实心理状态。于是，"纵情于山水间"，他有意识地从自然山水中寻找慰藉，以排解心中的郁结。但是，尽管柳宗元自称"自幼好佛"，天台宗也把他列为俗家弟子。但他却不是一个虔诚的佛教徒，他博采众家，为我所用，苏轼赞许他"儒释兼通、道学纯备"，他对佛教的接受，主要是领会佛教义理，以图"统合儒释"，把佛教思想纳入儒家思想体系。

另外，柳宗元也绝不是生性淡泊之人，他对待人生的态度是积极执着的，他一生有两项重大活动：一是参与永贞革新，一是领导古文运动。这两者都与他复兴儒学、经世致用的思想有关。他既身体力行了"兴功力，致大康于民，垂不灭之声"的政治理想，又明确提出"文者以明道"、"辅时及物"的主张和以儒家经典为"取道之源"的原则。

由于柳宗元在柳州的德政之举，被后人尊称为"柳柳州"，人们在他生前喜爱的罗池畔兴建了罗池庙，在当年停放柳宗元灵枢的地方建起了衣冠墓。

为了将柳宗元的事迹记载下来，流传下去，柳州人士请柳宗元的生前好友、唐代大文学家韩愈写下《柳州罗池庙碑》一文。碑文的前半部分记载了柳宗元在柳州的政绩，后半部分附了一首题为《迎享送神诗》的诗。

后来，宋代大文学家、大书法家苏轼将《迎享送神诗》书写下来，由柳州人士于宋嘉定十年即公元1217年，刻石立碑于罗庙内。因为这块碑的内容集中国文学史上"唐宋八大家"中的韩愈文、柳宗元事及苏轼书于一体，所以，后人称此碑为"二绝碑"。

此碑现巍然耸立于柳侯祠堂内，我们可以看到碑身为断裂合拼而成。据传明嘉靖年间，在战乱中，"三绝碑"被毁坏。后来在筑柳州外城时，有军士捡得半截"三绝碑"，他拿来砌城墙，但是每次砌进墙内，城墙就坍塌，后来才发现是"三绝碑"的一部分，在场的人终于醒悟过来，知道拿来砌墙是对柳侯的不敬，会受到坍塌的惩罚。于是他们把断碑送回柳侯祠，与残留原处的"三绝碑"拼合在一起，使这一珍贵的文物得以完整地保留下来。

　　柳宗元纪念馆位于广西柳州市柳侯公园内，主要由柳侯祠、柳宗元衣冠墓、柑香亭组成，每年清明节，都有许多人到柳侯祠及柳宗元衣冠墓祭拜柳宗元。

　　柳侯祠正门是静穆的仪门，门额上"柳侯祠"三个字沉稳劲朴、俊逸豪放，是我国著名文学家、史学家、书法家郭沫若所题。门柱上这副"山水来归，黄蕉丹荔；春秋报事，福我寿

民"的金字对联，是根据唐代文豪韩愈《柳州罗池庙碑》一文凝炼而成，语精墨妙，意境悠远，表达了柳州人对柳宗元的思念之情。

第二十一章　思想贡献

柳宗元在思想史上的主要贡献，在于他发展了哲学唯物主义世界观，他和刘禹锡等人一起，推动了古代朴素唯物主义思想的又一个高峰，从而成为代表一代思想发展成就的杰出人物。

首先，他发展了自然哲学的唯物主义思想，这是他的整个思想体系的基础。"天人之际"是先秦以来思想领域斗争的核心和关键问题。在古代"天人合一"占主导地位的思想传统中，柳宗元是荀子、王充等人之后，少数坚持"天人相分"的思想路线的思想家之一。他在新的历史条件下结合当代思想、政治斗争的实际，丰富和发展了自然哲学的唯物主义思想，并在"天人相分"的原则下，坚决、彻底地反对和批判对于天命、符瑞、鬼神、灵异等的迷信，反对和批判唯心主义的先验论，并把这种批判和现实政治斗争紧密结合起来。

唐代作为我国思想史上发生重大转折的时期，柳宗元和刘禹锡等人以高度的理论水平为传统的"天人之际"问题作了总结，从而为开展对于"性理"问题的探讨开拓了道路。在他们以后，传统形式的"天命"观的种种表现在思想史上基本失去了理论上的重要依据。

"天人相分"的自然哲学唯物主义思想作为柳宗元世界观的核心，决定了他在社会、政治和文化上的一系列进步的，具有重大理论和实践价值的思想主张，他与任何形式的"圣人创世"说相对立，提出了由"生人之意"所推动的，体现为客观的"势"的社会发展观。

他反对一切"历史倒退"论和"历史循环"论，肯定历史是不断进步的过程。他把圣人还原为"人"，而不再认为是超越的、万能的"神"，从而为批判地阐发"圣人之道"开辟了广阔的道路。

他推崇并努力实践"圣人之道"，却反对"圣人之意"的历史决定作用。在古代传统观念里，"天"降"圣人"，"圣人"代表着"天意"；君主承受"天命"，自然具有"圣人"的品格。天、圣、君"三位一体"，决定着宇宙的秩序和社会的发展，这样的思维模式很少有人打破过，即使是许多主张变革的人，也要借用"天命"和"圣人"的名义。

像柳宗元这样旗帜鲜明地否定"圣人之意"的历史决定作用的人是很少见的，他的这种客观、进步的历史发展观念为他的革新政治思想奠定了理论基础。

柳宗元重视"生人之意"的历史作用，他强调统治者行事要"以生人为主"，赋予儒家传统中具有巨大政治和伦理价值的"仁政"思想以新的内容，并把它发挥到新的高度。

他还批判地继承了道家、法家等各派政治思想的有价值的成分，结合历代统治者的历史经验，加以融会贯通，提出了一系列积极进步的、富于变革意识的政治主张。他所阐发的"顺人之性、遂人之欲"，"民利民自利"，"官为民役"等观点，表现出对民生问题的关注和对民众苦难的真切同情，闪耀着强烈的民主性的光彩。

从这些积极进步的政治观念出发，他对当时政治昏庸、国是日非、民生艰窘的状况以及藩镇割据、宦官弄权、官吏侵民等重大社会问题认识得特别痛切，批判得也特别深刻；也由此形成了他的革新政治立场，并在允许的条件下积极、勇敢地从事革新实践。他的政治思想为当时和后代的政治革新提供了理论依据，是政治思想史上的巨大财富，不少观点直到今天仍有着借鉴意义。

柳宗元是优秀的文学家，他在诗、文、赋等多种体裁的创作中都取得了杰出的成就，成为代表中唐时期文学水平的大作家，他的创作实践为形成他的文学思想提供了坚实的实践基础。他学识渊博，对前代的文学传统研习有得，知之甚悉，又处在中唐诗文革新和文学创作辉煌发展的潮流之中，特别是他身为政治革新的实践家，有意识地把文学作为实现政治目标的手段，这一鲜明特点，赋予他的文学思想以强烈的政治性和鲜明的实践品格。

他和韩愈等人一样，在文学观念上以"明道"为核心，而由于上述他对"道"的理解的特殊内容，他的"明道"也就具有特殊的开放和革新的性质。和他在整个学术上的广取博收的立场相关，他在文学上也取博采众长的态度。他在古文运动中的领袖地位和诗文创作中取得的杰出成就，是和他的文学思想相关联的。

对于韩、柳的比较，自古以来就是学术史上众说纷纭的问题，韩愈在思想史上自有其贡献和不可替代的地位。但就思想的先进、积极、丰富和精密等方面而言，应该承认，肯定是柳

宗元高出韩愈一筹的。

　　古代也有人看到了这一点，如明王文禄说："韩昌黎有志古学，但性坦率，不究心精邃，非柳匹也。"王世贞也认为就学问来说韩愈不及柳宗元。李贽则认为"柳宗元文章、识见、议论，不与唐人班行"。这些看法的出发点和着眼点不同，但都突出了柳宗元的地位，是很有见地的。

　　兼为杰出的思想家、政治家和文学家的柳宗元，由于其多方面的才能与活动，由于他在众多的思想领域所取得的成就及其在当代、对后世造成的深远影响，将其列为世界伟大思想家的行列可以说毫无愧色。

　　柳宗元作为一代思想学术的大家，在治学上表现出鲜明的实践品格、大胆的创新精神和强烈的批判意识，这是他的思想理论在具体运用中的特征，也是他取得巨大思想贡献的主观的条件。在这方面，他也为后人树立了楷模，并造成了深远的影响。

经世致用是柳宗元人生观的重要内容，尽管他后半生历尽坎坷，但这种积极的态度一直到死也没有泯灭。即使他长期身为"流囚"、谪居"南荒"，但他仍时刻关注着现实的种种问题。作为思想家，他不是书斋学者；作为文学家，他也并不只是刻意于艺术上的追求。

柳宗元的一生，表现出了伟大的道德品格，这也正是他取得思想理论成就的决定条件之一，他追求真理的执著、在理论上的勇气，他的理性主义和大胆的怀疑精神等，都是我们中华民族后世引以为荣的宝贵精神财富。